KB206195

마음을 새롭게 하라

우리 안에서도 발견되어야 할
'그 마음'을 가진 그분께 …

성 경 적 으 로   생 각 하 고   행 동 하 는   법

마음을
새롭게
하라

생각이
행동을
결정한다

제임스 몽고메리 보이스 | 오수현 옮김

올리브북스
Olive Books

우리는 생각하지 않는 세상에서, 많은 사람이 대중매체, 특히 텔레비전의 조종을 받으면서도 그 사실을 거의 깨닫지 못한 채 허송세월하는 시대를 살고 있다. 영원한 영혼에 대해 생각하는 사람은 거의 없으며, 대부분의 그리스도인조차도, 그들을 둘러싸고 있는 세속적인 문화가 아닌 다른 방식으로 생각하거나 살아가는 방법을 모르고 있다. 다행히도 하나님을 갈망하고, 인본주의자, 물질주의자, 세속주의자와는 다른 삶을 살기 원하는 사람들이 이곳저곳에 존재하고 있다. 이들은 자신의 삶이 하나님께 의미 있기를 원하는 사람들이다.

당신도 이런 사람인가? 당신은 이런 사람임이 분명하다. 아니면 최소한 이런 사람이 되어 가는 중일 것이다. 그렇지 않다면 이 책을 선택할 이유가 없기 때문이다. 이 책을 주의 깊게 읽어 보기 바란다.

미국인은 실제적인 사람들이다. 실제적인 건 좋은 것이다. 하지만 특별히 강인한 사고방식을 갖고 있지 않다면, 그건 좋은 것이 아니다. 실질적으로 우리가 행하는 일들은 항상 마음에서부터 흘러나오고 생각의 인도를 받아야 하기 때문이다.

사도 바울은 실제적인 사람이다. 대부분의 경우, 바울 서신의 후반부는 그리스도인의 삶을 어떻게 살아야 하는지에 대한 실제적인 지침을 담고 있다. 그러나 그 전반부에 강력한 원리를 기록했다는 사실이 중요한데, 바울은 생각이 행동을 결정한다는 것을 잘 알고 있었기 때문이다. 바울은 로마서라는 훌륭한 책에서, NIV 스터디 바이블 편집자들이 "실행되는 의(義)"라고 제목을 붙인 로마서 12장의 제일 첫 부분에서 우리의 마음을 새롭게 함으로 변화를 받으라고 도전하고 있다.

그러므로 형제들아 내가 하나님의 모든 자비하심으로 너희를 권하노니 너희 몸을 하나님이 기뻐하시는 거룩한 산 제물로 드리라 이는 너희가 드릴 영적 예배니라 너희는 이 세대를 본받지 말고 오직 마음을

새롭게 함으로 변화를 받아 하나님의 선하시고 기뻐하시고 온전하신

뜻이 무엇인지 분별하도록 하라(롬 12:1~2)

이 책은 이 두 구절에 대한 것이며, 그 사명을 감당해야 할 당신과 모든 진지한 그리스도인들을 위한 긴급한 부르심이다.

물론 이것은 과정이다. 몇 년 공부한다고 해서, 더구나 짧은 몇 시간 동안 이 책을 읽는다고 해서 이룰 수 있는 일이 결코 아니다. 그러나 시작한다는 사실이 중요하며, 이 첫 번째 단계야말로 가장 귀중하다. 이 일을 시작한다면, 이 여정이 당신의 인생에서 가장 매력적이며 가장 큰 보상이 주어지는 일임을 알게 될 것이라고 나는 확신한다. 왜냐하면 본문이 권유하는 것처럼 생각하는 방법과 행동하는 방법에 대해 배우게 될 것이기 때문이다.

제임스 몽고메리 보이스

Chapter 01

그러면 우리는
어떻게 살 것인가?

그러므로 형제들아 내가 하나님의 모든 자비하심으로 너희를 권하노니

그리스도인으로서 우리는 참된 세계관을 알아야 할 뿐
아니라, … 의식적으로 그 세계관에 따라 행동하여, 우리
의 개인적 역량과 집단적 역량이 미치는 한도 내에서 전
체 생활에 두루 걸쳐 있는 모든 부분과 모든 국면에서
사회에 영향을 끼칠 수 있어야 한다.

_프란시스 A. 쉐퍼

해리 블래마이어즈(Harry Blamires)는 《그리스도인은 어떻게 사고해야 하는가? *The Christian Mind: How Should a Christian Think?*》라는 중요한 기독교 책을 쓴 영국인이다. 그는 C. S. 루이스의 학생이었고, 이 책은 30년 전인 1963년에 처음으로 출판되었다. 이 책의 주제는 1장에서 거듭 반복되는데 "더 이상 기독교적 사고방식(Christian mind)은 없다"라는 것이다. 이 주제로 블래마이어즈가 주장한 것은, 이 시대에는 뚜렷한 기독교적인 사고방식이 더 이상 존재하지 않는다는 것이다. 어느 정도는 기독교 윤리가 존재하고, 약간의 기독교적인 삶과 경건은 존재한다. 그러나 기독교의 뚜렷한 준거 틀, 즉 우리를 둘러싼 세속적인 사고방식과 구별되는 것으로 우리의 사고방식을 인도해주는 기독교만의 세계관은 존재하지 않는다.

불행하게도, 지난 30년간 상황은 좋아지지 않았다. 사실 더 나빠졌다. 오늘날 진정한 기독교적 사고방식은 거의 혹은 전혀 없을 뿐만 아니라, 기독교 사고방식에 대해 거의 생각하지 않으며, 서구 세계(아마도 이 세상 전부)는 나를 비롯해서 많은 사람이 말하는 '생각 없는 사회(mindless society)'가 되어 가고 있다.

이는 현대 그리스도인들에게 얼마나 큰 도전 과제인가! 우리를 둘러싼 세상이 생각 없이 살아가고, 아니면 기껏해야 비기독교적인 범주 안에서 생각하고 있을 때, 우리는 생각하라는 명령을 받았기 때문이다. 그 도전 과제를 가장 잘 진술한 것이 로마서 12장의 위대한 첫 번째 단락에서 사도 바울이 제시한 강력한 명령이다. 바울은 마음을 새롭게 하라고 말한다.

> 그러므로 형제들아 내가 하나님의 모든 자비하심으로 너희를 권하노니 너희 몸을 하나님이 기뻐하시는 거룩한 산 제물로 드리라 이는 너희가 드릴 영적 예배니라 너희는 이 세대를 본받지 말고 오직 마음을 새롭게 함으로 변화를 받아 하나님의 선하시고 기뻐하시고 온전하신 뜻이 무엇인지 분별하도록 하라(롬 12:1-2)

> Therefore, I urge you, brothers, in view of God's mercy, to offer your bodies as living sacrifices, holy and pleasing to God — this is your spiritual act of worship. Do not conform any longer to the pattern of this world, but be transformed by the renewing of your mind. Then you will be able to test and approve what God's will is

— his good, pleasing and perfect will(Rom. 12:1~2, NIV)

이 두 구절은 바울 서신의 '실제적인' 부분이라고도 불리는 내용이다. 그러나 나는 이런 식으로 말하는 것을 좋아하지 않는다. 이런 단어를 사용하면서 사람들은 대개 로마서 1~11장은 교리적이거나 신학적이고, 이 서신은 결국 이 부분에서 실제적인 문제로 귀결된다고 생각한다. 그러나 교리란 실제적인 것이며, 실제적인 내용이 어떤 식으로든 도움이 되려면 교리적이어야 한다. 로마서 12~16장을 제대로 말하려면, 바울이 앞 장에서 제시한 매우 실제적인 가르침 혹은 교리를 '적용 (application)'하는 내용이라고 말하면 된다.

'적용'이란 말은 훌륭한 현대 로마서 주석가인 존 머레이 (John Murray)가 이 부분에 대한 서론에서 사용한 단어다. "이 부분에서 사도는 구체적이고 실제적인 적용을 다룬다."[2]

아니면, 힐스데일 대학의 뉴스레터인 〈임프리미스 Imprimis〉의 강력한 슬로건인 "생각은 결과를 낳는다(Because Ideas Have Consequences)"를 보고 떠오른 단어인 '결과 (consequences)'가 더 좋을 수도 있겠다. 로마서의 위대한 첫 번째 부분에는 많은 생각(Ideas)이 있다. — 참된 생각, 마음을 뒤흔드는 생각, 틀림없고 권위 있는 계시로 주신 생각 — 이제 그 생각의 결과를 살펴볼 것이다.

누구의 가치관인가? 그리고 왜 그 가치관인가?

첫 번째로 나타나는 가장 중요한 결과는, 바울이 쓴 내용을 정말로 이해하고 믿는 사람이라면 모든 문제에 대해 다르게 생각하기 시작한다는 것이다.

이렇게도 말할 수 있는데, '결과'라는 단어는, 프란시스 쉐퍼의 유명한 책 제목인 《그러면 우리는 어떻게 살 것인가? *How Should We Then Live?*》에 있는 '그러면(then)'과 마찬가지로 중요하다. 이 책은 서구 문명의 부흥과 쇠퇴를 연구한 책이다. 쉐퍼는 철학에 대한 연구와 저서로 세계적으로 인정받고 있으며, 다양한 그룹의 사람들에게 성경의 진리를 잘 전달하는 능력을 가진 사람으로 유명하다. 성경 단어 사이의 연관성을 찾아내는 그의 은사가 이 책 제목에서 만큼 명확하게 드러난 경우도 없다. '그러면'이라는 단어는 우상숭배와 도덕적 타락에 빠진 이스라엘 백성에 대해 하나님이 제사장이자 선지자인 에스겔에게 말씀하신 내용에서 인용한 것이다.

> 그런즉 인자[에스겔]야 너는 이스라엘 족속에게 이르기를 너희가 말하여 이르되 우리의 허물과 죄가 이미 우리에게 있어 우리로 그 가운데에서 쇠퇴하게 하니 **어찌 능히 살리요(How Should We Then Live?, KJV - 직역하면 '그러면 우리는 어떻게 살 것인가?'라는 뜻이다. _옮긴이)** 하거니와 너는 그들에게 말하라 주 여호와의 말씀이니라 나의 삶을 두고 맹세하노니 나는 악인이 죽는 것을 기뻐하지 아니하고 악인이 그의 길에서 돌이켜 떠나 사는 것을 기뻐하노라 이스라엘 족속아 돌이키고 돌이키라 너희 악한 길에서 떠나라 … (겔 33:10~11)

'그러면(then)'은 매우 단순한 단어로서 이 단어를 사용할 때 두 번 생각하는 일은 별로 없다. 그러나 《그러면 우리는 어떻게 살 것인가? How Should We Then Live?》의 제목과 내용을 생각해보면, '그러면(then)'이 중심적이고 가장 중요한 단어임이 분명해진다. 이 책의 제목이 단순히 "우리는 어떻게 살 것인가?"였다고 생각해보자. 이 제목에는 주목할 만한 내용이 아무엇도 없다. 지극히 평범한 질문이어서 "우리 오늘 뭐할까?" 아니면, "오늘 저녁은 어디에서 먹을까?"와 별반 다르지 않다. 그러나 제목에 '그러면'을 넣으면, 이런 질문이 된다. "하나님이 예수 그리스도의 죽음으로 우리를 죄의 형벌에서 구원해주시고, 성령의 능력으로 죄의 권세에서 우리를 자유롭게 하셨다는 사실 앞에서, 그렇다면 이제 우리는 어떻게 살 것인가?"

약 20년 전에, 《그러면 우리는 어떻게 살 것인가?》가 출판되었을 때, 쉐퍼는 서구 문화가 어디로 가고 있는지를 분명히 알고 있었다. 경제 침체의 심화, 삶의 모든 영역과 모든 나라에 존재하는 폭력, 제3세계 국가들의 극심한 가난, 부(富)에 대한 사랑, 그리고 서구 사상의 근본적인 상대주의와 같은 경향에 주목했다. 그리고 쉐퍼는 인류 앞에 놓인 선택은 전체주의(즉, 강제적이긴 하지만 제멋대로인 사회 질서)이거나, 아니면 "다시금 처음에 혼란 없는 자유를 주었던 그 기반, 즉 성경에 있는 하나님의 계시와 그리스도를 통한 하나님의 계시를 인정하는 것"[3]이라는 결론을 내렸다.

쉐퍼의 요점은 "이 계시를 받은 사람들은 반드시 그대로 행동해야 한다. 그것이 바로 이 계시의 핵심적인 본질이기 때문이다. 이 계시는 적용을 요구한다"라는 것이다. 쉐퍼는 이렇게 말한다. "그리스도인으로서 우리는 참된 세계관, 우리에게 존재하는 것에 대한 진리를 말해주는 세계관을 알아야 할뿐 아니라, 의식적으로 그 세계관에 따라 행동하여, 우리의 개인적 역량과 집단적 역량이 미치는 한도 내에서 전체 생활에 두루 걸쳐 있는 모든 부분과 모든 국면에서 사회에 영향을 끼칠 수 있어야 한다."[4]

오늘날 정치인들은 특히 '가정의 가치'를 많이 언급한다. 가정의 가치는 1992년 대통령 선거 운동의 주요 주제였고, 공화당은 빌 클린턴의 도덕성에 의구심을 제기하는 수단으로 이 주제를 이용했다. 나는 가정의 가치를 믿는다. 부통령인 댄 퀘일(Dan Quayle)이 선거 기간에 가정의 가치를 주장한 것 때문에 그를 지지하기도 했다. 퀘일, 그리고 과거와 현재의 지도자들은 나라를 위해 옳은 것을 주장할 것이다. 그러나 가치 기준의 근거로서 하나님의 존재, 하나님의 법, 성경의 계시를 인정하지 않으면서 '가정의 가치'에 호소한다면, 그 의도가 아무리 좋다고 해도, 그것은 언제나 공허하고 완전히 정치적이며 속이는 것에 불과하다. 이는 그 의도는 좋은 것이지만 선거 운동하는 사람들이 가정의 가치를 내거는 이유는 실제로 그런 것이기 때문이라고 말할 수밖에 없다.

다시 말하지만, 나는 '가정의 가치'를 믿는다. 하지만 이 가치의 근원이자 근거로서 하나님과 그분의 구원을 인정하지 않는다면, 올바로 생각할 줄 아는 사람이라면 이런 질문으로 반박할 것이다. "우리는 '어떤 가정'의 가치에 대해 이야기하는 겁니까? 핵가족? 편부모 가정? 동성애 가정? 왜 어떤 한 '가정'이 다른 가정에 비해 더 선호되어야 하는 건가요? 도대체 왜 가정 지향적인 사회가 되어야 하는 겁니까?" 다시 말해서 가치관을 말할 때는 항상 몇 가지 전제가 필요하다. "그 가치관은 **누구의** 가치관인가?", "**왜** 그 가치관을 따라야 하는가?"

1987년, 하버드 대학교에서 대학 교육자들의 모임이 있었다. 코넬 대학교의 프랭크 로즈(Frank Rhodes) 총장은 교육 개혁, 즉 이제 대학교가 '가치'와 학생들의 '도덕성'에 관심을 가질 때라고 연설했다. 그 즉시 청중이 놀라는 소리가 들렸고, 한 학생이 벌떡 일어나더니 분개하며 말했다. "누구의 가치관을 가르치실 겁니까? 누가 우리를 가르칠 겁니까?" 청중은 크게 박수를 쳤는데, 이는 대답하기 어려운 질문을 해서 총장의 제안을 어리석은 것으로 만들었다고 판단했기 때문이다.

로즈 총장은 대답하려고도 하지 않고 자리에 앉았다.[5]

약 한 세대 전에는, 2천 년 이상의 서구 역사가 쌓아올린 지혜 — 플라톤과 소크라테스와 아리스토텔레스의 저서, 그리고 성경을 직접 언급하지는 않더라도 성경의 많은 부분이 포함되어 있는 역사가들과 현대 사상가들의 저서를 교육자들이 가르치는 것은 당연한 일이었다. 이것은 앨런 블룸(Allan Bloom)이 《미국 정신의 종말 *The Closing of the American Mind*》[6]에서 웅변적으로 말했던 교육 방식으로 되돌아가는 것이다.

그러나 로즈 총장의 항복이 보여 주듯이, 오늘날 이 모든 것이 사라졌다. 그리고 이것은 '시대가 변했기' 때문도 아니고 오늘날의 사람들이 의문에 대한 해답을 찾는 일에 회의적이기 때문만도 아니다. 문제는, 하나님 자신과 그분의 방법대로 주시는 계시에 의한 절대적인 진리 없이는 모든 가치가 상대적이라는 것이다. 하나님 없는 세계관으로 볼 때는, 이기적이고 개인적인 이유, 도덕성을 세우는 것이 아니라 파괴하는 것이 분명한 태도 외에는, 저 일이 아닌 바로 이 일을 해야 한다는 진정한 이유가 없다. 다시 말해서, 지금의 시대는 왕도 없고 율법은 잊혀지고, 그래서 결과적으로 "사람이 각기 자기의 소견에 옳은 대로"(삿 21:25) 행하던 유대 사사 시대와 똑같다.

사회의 도덕과 윤리의 근거가 계시라면, 계시 없이 타당하고 효과적이고 영원한 가치를 갖는 일이란 불가능하다. 로마서 12~16장을 이해하고 그대로 행하기 위해서는 로마서 1~11장에 기록된 교리를 알아야 한다.

존 칼빈은 이를 알았고, 그래서 로마서 12장을 강의할 때 기독교와 철학을 비교하면서 이 문제를 언급했다. "복음과 철학 사이의 중요한 차이점은 이것이다. 철학자들이 도덕적인 문제를 훌륭하게, 감탄할 만한 능력으로 설명한다 해도, 그 교훈에서 빛나는 모든 장식은 기초 없는 아름다운 상부구조에 불과하다. 원칙을 제외시킴으로써, 마치 머리 없는 몸처럼 불완전한 교리를 제시했다. … 바울은 [로마서 12장 1~2절에서] 거룩함의 모든 부분이 흘러나오는 원리를 제시한다."[7]

"그러므로 (therefore)"

나는 이미 프란시스 쉐퍼의 책 《그러면 우리는 어떻게 살 것인가?》를 언급하면서 '그러면'이 매우 중요한 단어임을 이야기했다. 이제 로마서 12장의 첫 번째 구절에서, 정확히 '결과'에 상응하는 단어를 발견했고, 여기에서는 '그러므로 (therefore)'가 가장 중요한 단어다. 바울은 "**그러므로** 형제들아 내가 하나님의 모든 자비하심으로 너희를 권하노니 너희 몸을 하나님이 기뻐하시는 거룩한 산 제물로 드리라"고 말한다. 이는 "방금 전에 쓴 내용을 고려해서, 자신을 위해 살지 말고 하나님께 자신을 온전히 드려야만 합니다"라는 뜻이다.

성경에서 '그러므로(therefore)'라는 말이 나오면 주의를 기울여야 하는데, 그 이유는 특정한 목적이 있어서 '그러므로 (therefore)'가 '그 자리에 있는 것(there for)'이라고 성경 교사들이 설명하는 것을 한두 번 정도는 들어보았을 것이다. 다소 유치한 설명일 수도 있지만 이는 매우 타당한 지적이다. '그러므로'는 항상 앞에서 말한 것을 다시 가리키기 때문에, '그러므로'가 무엇을 언급하는지 정확히 알아야, 앞으로 이야기할 것의 중요성이라든지 이미 말한 것과 앞으로 말할 것 사이의 연관성을 이해할 수 있을 것이라는 뜻이다.

로마서 12장 1절의 '그러므로'는 무슨 뜻인가? 바로 앞에 있는 구절, 로마서 11장 마지막에 있는 짤막한 찬양을 말하는가? 역사에 나타난 하나님의 구원 사역의 지혜를 설명하고 이스라엘의 영원한 회복을 주장하는 11장 전체를 말하는가? 하늘에 있는 것이나 땅에 있는 것이나 우리를 그리스도 예수 안에 있는 하나님의 사랑에서 끊을 수 없다고 감동적으로 주장하는 로마서 8장을 말하는 것인가? 아니면, 더 앞으로 넘어가서, 1~4장에서 자세하게 설명하고 있는, 믿음으로 의롭게 되는 원리를 말하는 것인가?

쉽게 생각할 수 있는 것처럼, 각각의 관점을 옹호하는 사람들이 있을 것이다. 그리고 그에 대한 근거도 있을 것이다. 각각의 경우에 대해 훌륭한 논지를 가지고 옹호할 수도 있고, 적절한 예를 보여줄 수도 있다.

어느 여름, 성경 연구 모임의 지도자들에게 로마서를 가르친 적이 있는데, 그 후 한 여성이 고마움을 표현하면서 하나님의 선택의 은혜가 얼마나 중요한지를 마침내 이해하게 되었다는 편지를 보내왔다. 수년 동안 선택의 교리를 이상하고 위험한 것으로 생각해 왔지만, 이제 새로운 안목을 갖게 되었다고 쓰여 있었다.

"생각이 열렸을 뿐만 아니라 마음도 감동을 받았습니다. 내가 얼마나 큰 특권을 받았는지, 내가 얼마나 하나님의 은혜를 받을 만한 자격이 없는 자인지를 깨달으면서 눈물을 주체하지 못했습니다. 하나님께 얼마나 놀라운 선물을 받았는지 믿을 수가 없었습니다. 진심으로 로마서 12장 1~2절에 '아멘, 아멘, 아멘'이라고 말할 수밖에 없었습니다. 상상할 수도 없었던 하나님의 선물을 생각할 때 우리가 할 수 있는 가장 작지만 이성적인 행동은 그것밖에 없습니다."

이 여성은 로마서 9~11장에서 가르치는 선택의 교리에 큰 감동을 받았다. 그러나 실제로, 로마서 12장 1절의 '그러므로'가 무엇을 가리키는가에 대한 정답은 선택의 교리뿐만 아니라 그 앞에 기록된 로마서의 **모든 내용**일 것이다.

찰스 하지(Charles Hodge)는 이를 지혜롭고 정확하게 요약한다. "서신서의 앞부분에서 가르친 칭의, 은혜, 선택, 구원의 모든 교리는 여기에 있는 실제적인 의무를 위한 기초가 된다."[8]

이는 바울 서신서에 전형적으로 나타나는 유형이다. 에베소서에서, 처음 세 장은 교리적인 내용을 다루고, 그 다음 세 장에서는 영적 은사, 도덕성, 개인의 인간관계, 영적 전쟁을 다룬다. 갈라디아서에서는, 3~4장에서 교리적인 내용을 다루고, 그 다음 5~6장에서 그리스도인의 자유, 영적 열매, 사랑, 선한 일을 해야 할 의무 등을 구체적으로 다룬다. 골로새서에서는, 교리적인 내용이 1장 1절에서 2장 5절에 있고, 적용하는 내용은 2장 5절에서 4장 18절에 있다. 이와 같은 유형이 데살로니가전서와 후서에도 반복된다. 고린도전서와 후서, 빌립보서에도 분명하지는 않아도 같은 유형이 나타난다. (다른 신약 성경의 저자들, 예를 들어 베드로와 요한의 경우에는 그렇지 않다. 바울에게만 특별히 나타나는 부분인 것 같다.)

레온 모리스(Leon Morris)는 "의롭다 함을 받은 사람이 회개하지 않은 죄인과 같은 방식으로 살지 않는다는 것은 [바울에게는] 본질적인 문제다"[9]라고 말한다.

이것은 바울이 로마서 12장 1~2절에서 제시한 내용이다. 하나님이 현실의 근거이신 것처럼 — 그래서 모든 것이 하나님으로부터 나오고 하나님으로부터 이루어진다("이는 만물이 주에게서 나오고 주로 말미암고 주에게로 돌아감이라" 롬 11:36) ─ 하나님에 대한 우리의 관계가 모든 관계의 근거가 되고, 하나님에 대한 우리의 의무는 모든 의무의 근거가 된다. 그렇기 때문에, 바울은 우리가 우리 자신의 것이 아니며 그래서 우리 자신을 산 제물로 하나님께 기꺼이 드려야만 한다는 것을 상기시키면서, 1절과 2절에서 하나님과 우리의 관계를 지배할 원리를 제시한다.

새로운 인간성

이 두 구절을 깊이 이해하면, 하나님이 구원으로 행하신 모든 일이 우리가 생각하고 행동하는 모든 것, 즉 삶의 모든 영역과 관련됨을 알게 될 것이다. 우리는 다르게 생각해야 하고, 다른 사람이 **되어야** 하는데, 이는 하나님이 우리를 죄에서 구원하셨기 때문이다.

그리고 그리스도인은 다르다. 1981년, 여론 조사 기관인 갤럽은 종교를 중요하게 생각하는 사람들을 분류하고 종교가 그들의 삶에 어떤 차이점을 만들어 내는지를 알아내기 위한 등급을 만들었다. 미국이 매우 종교적인 나라라고 많은 사람이 주장하지만, 미국도 점점 비도덕적인 나라가 되고 있다. 조지 갤럽은 자신을 '영적으로 크게 동기 부여가 된 사람'이라고 생각하거나 종교적인 믿음에 헌신적인 사람들이 어떤 성격의 특징을 갖고 있는지를 알아보고자 했다.

갤럽의 조사 결과, 미국인의 12.5퍼센트, 즉 여덟 명 중 한 명이 '상위' 범주에 속했다. 그리고 그들은 정말로 다른 사람들과 달리 '특별한 사람'이라고 할 수 있다. 조사에 의하면, 이 사람들은 최소한 네 가지 중요한 영역에서 나머지 그룹과 다른 특징을 가지고 있었다.

1. 그들은 인생에서 자신의 몫에 만족해한다. 그들은 더 행복하다. 68퍼센트는 자신이 "매우 행복하다"고 답했으며, 이에 비해 믿음에 헌신적이지 않은 사람들의 경우에는 단 30퍼센트였다.
2. 그들의 가족관계는 견고하다. 이 그룹의 이혼율은 헌신도가 낮은 그룹에 비해 훨씬 낮다.
3. 그들은 다른 인종과 종교를 가진 사람들에게 훨씬 더 관

용적인 태도를 보이는 경향이 있다. 방송 매체가 종교적인 사람들과 영적인 지도자들에 대해 말하는 내용과는 정반대다.

4. 비종교적인 그룹에 비해 이들은 자선 활동에 더 많이 참여한다. 영적으로 많이 헌신된 사람들의 46퍼센트는 현재 가난한 사람들, 병든 사람들과 노약자들을 위해 봉사한다고 대답했다. 이에 비해 조금 많이 헌신한다고 대답한 사람들 중에서는 36퍼센트, 별로 헌신하지 않는다고 대답한 사람들 중에서는 28퍼센트, 거의 헌신하지 않는다고 대답한 사람들 중에서는 22퍼센트에 불과했다.[10]

참된 회심은 한 사람의 삶에 영향을 준다. 이는 로마서에 자세히 설명되어 있다. 율법 자체로는 아무것도, 아주 조금도 변화시키지 못한다. 모든 것을 변화시키는 사람은 변화된 사람이고, 그리고 사람을 실제로 변화시키는 단 한 가지는 우리 주 예수 그리스도의 복음을 통한 하나님 자신이다. 당신이 예수 그리스도의 사람으로 부르심을 받았다면, 당신은 근본적으로 변화된 공동체의 일원, 새로운 인간성을 가진 사람이 된 것이다.

그 일부가 되었기 때문에 그렇지 않은 사람들과 다르게 생각하기 시작하고, 그래서 이 세상에 정말 필요한 변화를 일으키기 시작하는 것, 그것은 당신의 특권이다.

각주 ✖✖✖

1. Harry Blamires, *The Christian Mind: How Should a Christian Think?* (Ann Arbor, Mich.: Servant Books, 1978). 초판 1963.

2. John Murray, *The Epistle to the Romans*, 2 vols. in 1 (Grand Rapids: Wm. B. Eerdmans, 1968), vol. 2, p. 109.

3. Francis A. Schaeffer, *How Should We Then Live? The Rise and Decline of Western Thought and Culture* (Old Tappan, N. J.: Fleming H. Revell, 1976), p. 252. 《그러면 우리는 어떻게 살 것인가?》, 생명의말씀사.

4. Ibid., p. 256.

5. Carl F. H. Henry, *Twilight of a Great Civilization* (Westchester, Ill.: Crossway Books, 1988), p. 170.

6. Allan Bloom, *The Closing of the American Mind* (New York: Simon and Schuster, 1987). 《미국 정신의 종말》, 범양사 출판부.

7. John Calvin, *The Epistles of Paul the Apostle to the Romans and to the Thessalonians*, trans. Ross MacKenzie (Grand Rapids: Wm. B. Eerdmans, 1973), p. 262.

8. Charles Hodge, *A Commentary on Romans* (Edinburgh and Carlisle,

Pa.: The Banner of Truth Trust, 1972), p. 393. 초판 1835.

9. Leon Morris, *The Epistle to the Romans* (Grand Rapids: Wm. B. Eerdmans, and Leicester, England: Inter-Varsity Press, 1988), p. 431.

10. George Gallup, Jr., "Is America's Faith for Real?" in Princeton Theological Seminary Alumni News 22, no. 4 (Summer 1982): 15-17.

Chapter 02

죽음으로써, 우리는 산다

너희 몸을 하나님이 기뻐하시는 거룩한 산 제물로 드리라

우리 자신과 모든 사람을 하나님께 거룩하게 드리도록,
우리는 하나님께 구원받았다.

_존 칼빈

나는 기독교 교리와 관련해서 '역설(paradox)'이라는 단어를 좋아하지 않는다. 대부분의 사람들에게 이 단어는 자기 모순적이거나 거짓인 것을 의미하기 때문이다. 기독교는 거짓이 아니다. 그러나 사전은 '역설'이란 단어를 모순적으로 표현하지만 사실은 진실일 수 있는 진술로 정의하기도 한다. 그런 의미에서 기독교에는 많은 역설이 존재한다. 가장 분명한 역설은 삼위일체 교리다. 우리는 하나님이 한 분이라고 말하지만, 하나님이 세 가지 인격, 즉 성부 하나님, 성자 하나님, 성령 하나님으로 존재하신다고도 말한다. 삼위일체 교리가 진리임을 아는 이유는, 그것이 진리임을 하나님이 드러내 보여 주셨기 때문이다. 하지만 우리가 그것을 다 이해한다거나 제대로 설명할 수 있다고 여기는 것은 어리석은 일이다.

기독교의 가장 위대한 역설 중 하나는 그리스도인의 삶과 연관이 있는데, 구체적으로 말하면 살기 위해서는 반드시 죽어야 한다는 가르침이다. 성경의 많은 부분, 특히 신약¹에서 이 가르침을 찾아 볼 수 있는데, 기본이 되는 말씀은 "아무든지 나를 따라오려거든 자기를 부인하고 날마다 제 십자가를 지고 나를 따를 것이니라 누구든지 제 목숨을 구원하고자 하면 잃을 것이요 누구든지 나를 위하여 제 목숨을 잃으면 구원하리라"(눅 9:23~24)는 예수님의 말씀이다.

이 말씀은 잘 알려진 아시시의 성 프란시스의 기도에 영감을 주었고, 이 기도는 이렇게 끝을 맺는다.

> 위로받기보다는 위로하고
>
> 이해받기보다는 이해하며
>
> 사랑받기보다는 사랑하게 하여 주소서
>
> 우리는 줌으로써 받고
>
> 용서함으로써 용서받으며
>
> 자기를 버리고 죽음으로써
>
> 영생을 얻기 때문입니다.

이 기도는 그리스도인의 삶의 원리를 잘 표현하고 있다. 바울이 로마서 12장 첫 부분에서 첫 번째 원리로 제시한 '자기 희생'을 잘 표현한 것이기도 하다. 바울은 "그러므로 형제들아 내가 하나님의 모든 자비하심으로 너희를 권하노니 너희 몸을 하나님이 기뻐하시는 거룩한 산 제물로 드리라 이는 너희가 드릴 영적 예배니라"고 말한다. 바울이 살았던 시대의 문화적인 상황에서, 유대인과 이방인들은 제물은 동물을 죽여서 제사장에게 드리는 것으로 알고 있었다. 그래서 이 충격적인 은유를 사용해서 바울이 말하고 싶었던 것은, 그리스도인의 삶은 우리 자신을 죽임으로 하나님께 드릴 때 시작한다는 것, 그러나 역설적이게도, 바로 그런 방식으로 우리 자신을 드릴 때 실제로 하나님과 다른 사람들을 위해 살 수 있다는 것이다.

더 강하게 말하면, 우리는 죽음으로써 살 수 있다! 예수님이 말씀하신 것처럼, 살려고 애쓸 때 그것이 우리 자신을 위해 살고자 애쓰는 것이라면 그것은 죽음이고, 자신에 대해 죽을 때 그것이 실제로 온전히 살 수 있는 길이다. 이 역설을 어떻게 말할 수 있을까? 나는 이것을 '죽음으로써 사는 삶(life-by-dying)', 혹은 2장의 제목처럼 '죽음으로써, 우리는 산다' 라고도 말한다.

값으로 산 것이 되었으니

'죽음으로써 사는 삶'은 그리스도인의 삶에 기초가 되는 교리이기 때문에, 매우 조심해서 이 기초를 올바로 놓고 이 원리의 본질적인 핵심을 살펴봐야 한다. 그 후에 계속해서 첫째, '제물'의 구체적인 특징, 즉 하나님을 기쁘시게 하고 거룩한 것으로 우리 몸을 하나님께 제물로 드려야 한다는 것, 둘째, 제물의 구체적인 목적, 즉 '왜 우리는 제물을 드려야 하는가'를 살펴볼 것이다.

이 기초적인 가르침의 첫 번째 근거는, 우리가 정말 그리스도인이라면 우리는 우리의 것이 아니며, 이제는 예수님께 속한 사람이라는 것이다. 바울은 고린도전서에서 "너희 몸은 너희가 하나님께로부터 받은 바 너희 가운데 계신 성령의 전인 줄을 알지 못하느냐 너희는 너희 자신의 것이 아니라 값으로 산 것이 되었으니…"(고전 6:19~20)라고 말한다. 그리고 바로 다음 장에서 "너희는 값으로 사신 것이니 사람들의 종이 되지 말라"(고전 7:23)고 말한다. 그 '값'이 무엇이냐고 묻는다면, 베드로 사도는 그의 첫 번째 편지에서 분명한 어조로 이야기한다. "너희가 알거니와 너희 조상이 물려 준 헛된 행실에서 대속함을 받은 것은 은이나 금 같이 없어질 것으로 된 것이 아니요 오직 흠 없고 점 없는 어린 양 같은 그리스도의 보배로운 피로 된 것이니라"(벧전 1:18~19).

이 구절에서, 베드로는 '대속함(redemption, 구원)'이라는 중요한 단어를 사용했는데, 이는 '되사는 일(buying back)' 또는 '다시 팔리는 일(being bought again)'과 같은 행동을 말한다. 이는 예수 그리스도가 십자가에서 죽으심으로 우리를 위해 이루신 일을 설명하는 데 중요한 단어다.

예수님이 십자가에서 행하신 일은 무엇인가? 성경적인 대답은 예수님이 우리 구원의 값을 지불하셨다는 것이다. 이 말은 무엇 혹은 누군가를 사는 것을 뜻하기 때문에, 죄인인 우리가 우리에 대해 가장 높은 값을 지불하는 사람에게 팔리는 노예 시장의 이미지가 떠오른다. 우리가 매력적이거나 세상적인 기준에서 가치 있는 사람이라면, 세상은 값을 부를 준비를 할 것이다. 세상은 세상적인 값을 제시하는데, 이는 매우 가치가 낮은 화폐.

세상은 '명예'를 제시한다. 세상적인 사람들은 명예를 위해 자신의 영혼을 판다. 어떤 사람은 유명해지기 위해서라면 무슨 일이든 할 것이다.

세상은 '부(富)'를 제시한다. 사람이 할 수 있는 일 중에 가장 중요한 일이 돈을 버는 것이라고 많은 사람이 믿고 있다. 돈이면 무엇이든 살 수 있다고 생각하기 때문이다.

세상은 '권력'을 제시한다. 오늘날 많은 사람이 권력에 혈안이 되어 있다. 그들은 노골적으로 권력을 과시한다.

세상은 '섹스'를 제시한다. 많은 사람이 단지 한순간의 쾌락을 위해 인생에서 가치 있는 것들을 잃어버렸다.

그러나 이 광대한 '허영의 시장' 한가운데 예수님이 오셔서 노예인 죄인들을 구원하시기 위해 그분의 보혈을 값으로 제시하신다. 예수님은 죄인을 위해 죽기로 하신다. 다른 모든 것을 주도하시는 것처럼, 이 '경매'를 주도하시는 하나님은 "예수의 보혈을 값으로 받아 주 예수 그리스도에게 팔았다"라고 말씀하신다. 그 결과, 우리는 예수님이 값 주고 사신 그분의 소유물이 되었고, 이제는 우리 자신을 위해 살지 말고 예수님을 위해 살아야 한다. 이는 바울과 베드로가 분명하게 말한 내용이다.

위대한 설교자이자 성경 신학자인 존 칼빈은 "우리 자신과 모든 사람을 하나님께 거룩하게 드리도록, 우리는 하나님께 구원받았다"[2]고 정확하게 말했다.

다음 요점을 살펴보기 전에 한 가지 더 주목해야 할 사항이 있다. 우리가 로마서의 적용, 혹은 '결과' 부분을 다루고 있음을 기억하라. '대속'은 로마서 3장 24절에서 이미 소개된 바 있다. 그래서 우리가 여기에서 깨달은 내용은 앞에서 설명한 내용, 즉 교리는 실제적이라는 것, 그리고 어떤 식으로든 도움이 되기 위해서는 실제적인 내용이 교리적이어야 한다고 말한 것의 한 가지 예가 된다. 우리는 지금 실제적인 문제, "그러면 우리는 어떻게 살 것인가?"를 **다루고 있다.** 그러나 우리가 어떻게 살아야 하는지를 설명할 때 가장 먼저 이야기해야 할 것은 '대속(구원)'의 의미와 적용이다. 다시 말해서, 복음 없이는 참된 그리스도인의 삶을 살 수 없다.

과거에 대해 죽음

자기 희생이라는 기독교적인 삶의 기초가 되는 교리는 '그리스도를 통한 죄로부터의 구원'만이 아니다. 두 번째 교리는, 진실로 회심했다면 그리스도 안에서 새 피조물이 됨으로써 과거에 대해 죽어야 한다는 것이다. 바울은 로마서 12장에서 강조한 것처럼 로마서 6장에서도 "죄에 대하여 죽은 우리가 어찌 그 가운데 더 살리요"(2절)라고 말한다. 그러므로 과거에 하던 대로 우리 지체를 "불의의 무기로 죄에게" 내주지 말고 오직 우리 자신을 "죽은 자 가운데서 다시 살아난 자 같이 하나님께" 드려야 하며, 우리 지체를 "의의 무기로" 하나님께 드려야 한다(13절).

  "죄에 대하여 죽은" 것은 죄에 대해 반응하지 않게 된다거나, 죄를 버려야 한다거나, 날마다 죄를 버리고 있다거나, 죄책감에서 벗어났다는 뜻이 아니다. 여기에서 '죽는다'는 부정 과거(aorist)로서 모든 사람을 위해 단번에 행하신 일을 가리킨다. 그리고 우리가 구원받은 결과로서 일어난 변화를 가리킨다. "죄에 대하여 죽은 우리"라는 문장이 의미하는 것은, 성령의 역사에 의해 우리가 예수 그리스도와 연합되었고 그 결과 그리스도 안에서 새로운 피조물이 되었으며 이제 다시는 결코 예전의 우리로 되돌아갈 수 없다는 것이다. 우리는 이 지식을 알고 그리스도인의 삶을 시작해야 한다. 우리는 되돌아갈 수 없으며, 되돌아갈 수 없다면 앞으로 나아가는 것 외에는 다른 길이 없다.

내가 로마서를 자세히 연구한 책의 제2권에 기록되어 있는 로마서 6장 11절 관련 내용을 요약하면서 그 가르침을 살펴보려고 한다.[3] 죄에 대해 죽는다는 것은 다음과 같은 뜻이 **아니다.**

1. 죄에 대해 죽는 것은 내 의무다.
2. 나는 죄에 대해 죽으라는 명령을 받는다.
3. 내 안에 있는 죄를 죽은 것으로 생각해야 한다.
4. 내 안에 있는 죄는 근절되었다.
5. 내가 죄를 지배하는 한 나는 죄에 대해 죽은 것이다.
6. 나 자신을 죄에 대해 죽은 것으로 여기면 죄에 대해 무감각해진다.

바울이 말한 내용은, 다시 예전의 삶으로 돌아갈 수 없다는 의미에서 이미 죄에 대해 죽었다는 것이다. 그것은 사실이기 때문에, 우리는 그리스도인으로서 주 예수 그리스도를 위해 살아가는 일 또한 잘 감당할 수 있을 것이다. 다시 말해서, 죄 짓는 것에 대해서는 잊어버리고 우리 몸을 '산 제물'로 하나님께 드려야 한다.

살기 위해 죽는 것

'죽음으로써 사는 것'이 의미하는 세 번째 요점은 역설 그 자체, 즉 사는 방법을 실제로 배울 수 있는 길은, 그리스도를 섬기기 위해 자신의 욕구에 대해 죽는 것이라는 사실이다.

이 말이 무슨 뜻인지 이해하기는 어렵지 않을 것이다. 자신에 대해 죽는다는 것은, 첫째, 우리를 위한 하나님의 소원과 둘째, 다른 사람의 필요를 우선하기 위해 개인적인 욕구는 잊어버리는 것임을 우리는 너무도 잘 알고 있다. 그리고 그 아래에 놓여 있는 약속도 알고 있다. 그렇게 한다면, 충만하고 보람 있는 삶을 경험할 것이라는 약속이다. 우리는 행복한 그리스도인이 될 것이다. 여기서 문제는 우리가 그 사실을 모른다는 것이 아니라, 그 사실을 믿지 않는다는 것이다. 아니면, 일반적으로는 그 사실을 믿는다 해도 최소한 자기 자신과 관련해서는 그 사실을 믿지 않는다는 것이다. 자신을 부인하면 비참해질 것이라고 생각한다. 그러나 그것이야말로 하나님께 불순종하는 것이며 믿음이 없는 것이다.

당신에게 묻고 싶다. 당신은 누구를 믿으려고 하는가? 세상과 세상의 사고방식에 물든 당신 자신? 아니면 예수 그리스도?

내가 구체적으로 '예수님'이라고 말한 이유는 예수님이 산상수훈 첫 부분에서 가르치신 내용을 상기시키고 싶기 때문이다. 예수님은 산상수훈에서 행복해지는 방법에 대해 말씀하셨다. 실제로, 예수님이 사용하신 형용사는 '행복한'이라는 말보다 훨씬 더 강력하다. "복이 있나니"라는 강력한 단어는 '하나님께 은혜를 받은'이라는 뜻이다. 예수님은 이렇게 말씀하셨다.

심령이 가난한 자는 복이 있나니
천국이 그들의 것임이요
애통하는 자는 복이 있나니
그들이 위로를 받을 것임이요
온유한 자는 복이 있나니
그들이 땅을 기업으로 받을 것임이요

의에 주리고 목마른 자는 복이 있나니

그들이 배부를 것임이요

긍휼히 여기는 자는 복이 있나니

그들이 긍휼히 여김을 받을 것임이요

마음이 청결한 자는 복이 있나니

그들이 하나님을 볼 것임이요

화평하게 하는 자는 복이 있나니

그들이 하나님의 아들이라 일컬음을 받을 것임이요

의를 위하여 박해를 받은 자는 복이 있나니

천국이 그들의 것임이라 (마 5:3-10)

우리는 이 말씀을 팔복, 즉 행복해지거나 복을 받는 방법이라고 말한다. 하지만 행복을 찾을 수 있다고 세상이 말하는 방법과는 전혀 다르다. 오늘날의 인기 있는 텔레비전 시트콤 감독이나 널리 유행하는 패션 잡지 편집자가 현대적인 관점에서 팔복을 다시 쓴다면, 아마 이런 내용일 것이다.

"부유한 자는 복이 있나니 자신이 원하는 것을 모두 가질 수 있을 것이요, 힘 있는 자는 복이 있나니 다른 사람을 지배할 수 있을 것이요, 성적으로(sexually) 자유로운 자는 복이 있나니 충분히 만족할 수 있을 것이요, 유명한 자는 복이 있나니 부러움의 대상이 될 것임이라."

이것이 바로 세상의 방법이고, 그리스도인도 희생하는 삶보다는 이런 삶의 방식을 본능적으로 지향하지 않는가?

그러나 주의 깊게 생각해보자. 이러한 기준을 추구하는 사람들에게 세상은 행복을 약속하지만, 그 사람들이 찾은 것이 정말 행복인가? 정말로 그들은 행복을 찾았는가?

행복해지려면 부자가 되어야 한다고 믿는 사람이 있다. 그는 10만 달러를 모으는 데 전념한다. 그 돈을 모았지만 행복하지 않다. 목표를 20만 달러로 올린다. 그 돈을 모았지만 여전히 불행하다. 백만 달러를 모으기 위해 노력하지만, 행복은 그를 피해 간다. 한때 큰 부자였던 존 D. 록펠러는 한 가지 질문을 받았다. "돈이 얼마나 많으면 충분할까요?"

그는 정직하지만, 씁쓸하게 대답했다. "아주 조금만 더 있으면 됩니다."

텍사스의 한 백만장자는 이렇게 말한 적이 있다. "돈으로 행복을 살 수 있을 거라고 생각했지만, 비참할 정도로 환멸을 느

낍니다."

또 어떤 사람은 다른 사람들을 지배하면 행복할 것이라고 생각해서, 권력을 얻을 수 있는 정계에 입문한다. 지방 선거에 출마해서 당선된다. 그 후에 의회에 진출하고, 상원의원이 되는 것을 목표로 삼는다. 그가 충분히 능력이 있고 유리한 상황이었다면, 대통령이 되기를 희망했을지도 모른다. 그러나 권력은 결코 만족을 주지 못한다. 세계에서 가장 위대한 정치가였던 한 사람이 빌리 그레이엄 목사에게 이런 말을 한 적이 있다. "저는 노인입니다. 삶의 모든 의미를 잃었습니다. 저는 이제 알 수 없는 곳으로 운명의 발걸음을 내딛으려 합니다."

성적으로 자유로운 삶을 추구하는 한 여자가 있다. 그녀는 주중의 '행복한 시간', 금요일 밤의 파티, 주말 밤이면 시골로 가서 파트너를 바꾸어가면서 즐기는 프로그램으로 일주일을 구성하는 멋진 독신 생활을 시작한다. 그러나 행복하지 않았다. 수년 전에 CBS가 남캘리포니아에서 독신 생활 스타일에 대한 다큐멘터리를 제작하면서 여섯 명의 여자들과 인터뷰를 했다. 그들은 대체적으로 같은 대답을 했다.

"이렇게 살면 재미있을 것이라고 다들 말하지만, 모든 남자가 원하는 것은 잠자리를 같이 하는 것뿐이에요. 우리는 평생 해야 할 경험을 모두 다 했어요."

세상에서 말하는 '내가 먼저'라는 철학은 우리를 행복하게 하는가? 자기가 하고 싶은 대로 사는 것이 정답인가? 그 허울을 꿰뚫어보기 위해 천재가 될 필요는 없다. 그것은 공허한 약속일뿐이다. 바울은 그것을 '거짓'이라고 말한다(롬 1:25).

그러므로 그리스도인들이여, 깨어나라. 바울이 호소하는 말을 들으라. "그러므로 형제들아 내가 하나님의 모든 자비하심으로 너희를 권하노니 너희 몸을 하나님이 기뻐하시는 거룩한 산 제물로 드리라 이는 너희가 드릴 영적 예배니라 너희는 이 세대를 본받지 말고 오직 마음을 새롭게 함으로 변화를 받아 하나님의 선하시고 기뻐하시고 온전하신 뜻이 무엇인지 분별하도록 하라."

하나님은 거짓말을 하지 않으신다. 하나님의 말씀은 전적으로 믿을 수 있다. 당신이 그 뜻에 따르고자 한다면, 하나님의 방법이 '선하시고 기뻐하시고 온전하신' 것임을 알게 될 것이다.

제물과 제사장

이제 그리스도인의 삶에 대한 네 번째이자 마지막 요점을 살펴보자. 처음 두 가지 요점은, 우리를 구원하시고 성령으로 말미암아 우리를 예수 그리스도와 연합하게 하셔서 새로운 피조물이 되도록 하나님이 행하신 일과 관련 있었다. 세 번째 요점은 분명한 역설, 즉 '죽음으로써 사는 삶'이었다. 이제 마지막 요점은 우리를 위해 이루어진 일도 아니고 역설적인 진술도 아니다. 무엇인가를 행하라는, 즉 우리 자신을 하나님께 산 제물로 드리라는 긴급한 요청이다. 이것은 저절로 되지 않는다. 우리 자신이 해야만 하는 일이다.

다른 말로 하면, 바울이 로마서 앞부분에서 "그로 말미암아 우리가 은혜와 사도의 직분을 받아 그의 이름을 위하여 모든 이방인 중에서 믿어 순종하게 하나니"(롬 1:5)라고 한 것처럼 '믿어 순종' 하는 것이다. 이제 앞서 제시했던 위대한 교리적인 가르침 가운데 하나를 다시 살펴볼 것이다.

바울이 로마서 12장 1절에서 제시한 내적인 이미지가 참 흥미롭다. 제물은 제사장이 하나님께 드리는 것이다. 제사장은 예배드리는 사람이 가져온 제물을 제단 앞으로 가지고 가서 그것을 죽이고 피를 뿌린 다음, 제물을 불태운다. 그 과정에서, 제사장과 제물은 별개의 독립체다. 그러나 참된 그리스도인의 삶이 무엇인지를 보여주는 이 매력적인 이미지를 통해서, 바울은 제사장과 제물이 같은 존재임을 보여준다. 그러므로 우리는 제물을 드리는 제사장이며, 우리가 드리는 제물은 바로 우리 자신의 몸이다.

성경에 이에 대한 모델이 있는가? 물론 있다. 예수님 자신이 그 모델이 되신다. 예수님이 제물인 동시에 그 제물을 드리는 제사장이기 때문이다. 스코트맨 로버트 캠벨(1849년)이 6세기 라틴어 본문을 번역한 위대한 성찬식 성가에 그 내용이 들어 있다. 첫 번째 절은 다음과 같다.

어린 양의 큰 잔치에서 우리는
승리하신 왕께 찬양을 드리네.
그분의 찢긴 옆구리에서 흘러나오는
피로 우리를 씻으셨네.

그분의 보혈을 포도주로 주시고

그분의 몸을 성찬을 위해 주신

거룩한 사랑의 예수님께 찬양을 드리네.

제물이신 그리스도, 대제사장이신 그리스도.

예수님이 우리를 위해 드리신 제물과 우리가 우리 자신을 드리는 제물 사이에는 엄청난 차이가 있다. 예수님의 희생은 속죄하는 희생이었다. 예수님은 우리 대신 죽으시고, 우리 죄를 위해 하나님께 형벌을 받으심으로 우리가 그 형벌을 받을 필요는 없어졌다. 그분의 죽음은 대속의 죽음이었다. 우리의 희생은 그와는 전혀 다르다. 우리의 희생은 어떤 의미에서든 죄에 대한 속죄가 아니다. 그러나 최소한 우리가 그 제물을 드리는 사람이고 우리가 드리는 제물이 바로 우리 자신이라는 점만큼은 그리스도의 희생과 비슷하다.

그리고 또 다른 차이점을 생각해 볼 수 있다. 구약에서 제사장은 여러 종류의 제물을 드렸다. 물론 죄를 대속하는 제물도 있었다. 이것은 예수 그리스도의 죽음을 예시한 것이고 이를 대신 속죄하는 것으로 설명했다. 이것은 예수 그리스도의 죽음으로 성취되었고 반복될 수 없다. 이런 의미에서 "… 예수 그리스도의 몸을 **단번에** 드리심으로 말미암아 우리가 거룩함을 얻었노라"고 히브리서 기자는 말한다(히 10:10). 그러나 죄에 대한 제물과 더불어 '감사의 제물'도 있는데, 이는 예배자가 큰 은혜나 구원에 대해 감사하면서 하나님께 드리는 제물이다. 우리 자신을 하나님께 드릴 때, 우리가 드리는 것은 바로 이런 유형의 제물이다.

제물?

이 시대에 제물이라니, 얼마나 불쾌한 단어인가! 오늘날에는 설사 제물이 된다고 해도, 스스로 제물이 되고 싶어 하는 사람은 아무도 없다. 사실, 사람들은 아주 조그만 것도 희생하고 싶어 하지 않는다. 대신에 무엇인가를 얻기 원한다. 사실이다. 그러나 그럼에도 불구하고 여기에서부터 그리스도인의 삶이 시작된다. 이것은 우리를 향한 하나님의 명령이고 소원이며, 그렇게 생각되지 않을 때에도 언제나 '선하시고 기뻐하시고 온전하신' 뜻이다.

하나님은 하나님이 하고 계신 일을 알고 있다고, 당신은 믿을 수 있는가? 다른 문제에 대해 하나님을 믿는 것처럼 이 문제에서도 하나님을 믿을 수 있는가? 하나님을 믿는다면, 사도 바울이 로마서 12장 1~2절에서 말한 대로 행하게 될 것이다. 당신의 몸을 하나님께 '산 제물'로 드릴 것이고, 그래서 당신을 향한 하나님의 뜻이 정말로 온전히 '선하시고 기뻐하시고 온전하신' 것임을 입증하게 될 것이다.

각주 ✄✄✄

1. 참조, 롬 6:1-14; 갈 2:20; 5:24; 빌 3:10; 골 3:3-5; 딤후 2:11.

2. John Calvin, *The Epistles of Paul the Apostle to the Romans and to the Thessalonians*, trans. Ross MacKenzie (Grand Rapids: Wm. B. Eerdmans, 1973), p. 262.

3. 참조, James Montgomery Boice, *Romans, vol. 2, The Reign of Grace: Romans 5:1-8:39* (Grand Rapids: Baker Book House, 1992), pp. 651-653, 677. 《제임스 몽고메리 보이스 로마서 2 - 은혜의 통치》, 솔라피데출판사.

Chapter 03

산 제물이 되는 방법

하나님이 기뻐하시는 거룩한 산 제물

여기에서 사도가 말하는 것은 바로 '몸'이고, 그의 말이 내포하는 것 이상의 의미를 이끌어내는 것은 적절치 않다. … 이것은 영혼뿐만 아니라 몸으로 하나님을 섬기는 것이 중요함을 보여준다.

_로버트 홀데인

얼마 전에 찰스 디킨스의 훌륭한 역사소설인 《두 도시 이야기 *A Tale of Two Cities*》를 다시 읽었다. 두 도시는 물론 파리와 런던이고, 이 소설의 시대적 배경은 프랑스 대혁명이다. 그 당시 수천 명의 무고한 사람들이 혁명 지지자들에 의해 단두대의 이슬로 사라졌다. 디킨스의 다른 소설과 마찬가지로 이 소설의 줄거리도 복잡하지만, 찰스 다네가 바스티유 감옥에서 사형 선고를 받았을 때, 평판이 좋지 않던 시드니 카턴이 친구인 다네를 대신해서 죽는 클라이맥스 장면은 절대 잊을 수 없다. 사형을 언도받았던 다네는 자유의 몸이 되고, 카턴은 그를 대신해 교수대로 올라가면서 "이건 내가 한 일 중에서 가장 좋은 일이다. 이건 내가 알고 있는 죽음 중에서 가장 멋진 죽음이다"라고 말한다. 정말 감동적인 이야기라서, 이 책을 몇 번이나 읽었지만 읽을 때마다 여전히 감동의 눈물을 흘리게 된다.

다른 누군가를 위해 자신을 희생하는 것만큼 숙연한 경외감을 느끼게 하는 것은 없다. 그런 희생은 참된 사랑의 궁극적인 증거다.

예수님을 사랑한다면, 예수님을 위해 희생해야 한다. 예수님은 "사람이 친구를 위하여 자기 목숨을 버리면 이보다 더 큰 사랑이 없나니"(요 15:13)라고 말씀하셨고, 예수님은 우리를 위해 그렇게 행하셨다. 예수님은 문자 그대로 그렇게 행하셨다. 친구 다네를 위한 시드니 카턴의 희생이 감동적이기는 해도 그건 그저 하나의 이야기일 뿐이지만, 예수님은 실제로 우리를 구원하기 위해 십자가에서 죽으셨다. 예수님은 우리를 사랑하시고 우리를 위해 그분 자신을 주셨기 때문에, 이제 그분을 사랑하는 우리도 자신을 '산 제물'로 예수님께 드려야 한다.

그러나 예수님의 제물과 우리의 제물 사이에는 엄청난 차이가 있다. 앞에서 말했던 것처럼, 예수님은 우리를 대신해서 죽으시고, 우리 죄에 대한 하나님의 형벌을 담당하심으로 우리는 그것을 감당할 필요가 없게 되었다. 우리의 제물은 그와 전혀 다르다. 어떤 의미에서든 죄를 대속하는 것은 아니다. 하지만 최소한 우리가 제물을 드리는 사람이고, 우리가 드리는 제물이 우리 자신이라는 점에서 만큼은 예수님과 비슷하다. 이것이 바로 "그러므로 형제들아 내가 하나님의 모든 자비하심으로 너희를 권하노니 너희 몸을 하나님이 기뻐하시는 거룩한 산 제물로 드리라 이는 너희가 드릴 영적 예배니라"(롬 12:1)는 말씀에서 바울이 의미한 것이다.

나는 이미 '제물'이라는 주제를 소개했다. 이번 장에서는 조금 더 나아가 제물의 본질, 즉 '제물의 의미가 정확히 무엇이며, 제물을 어떻게 드려야 하는가?' 라는 질문을 생각해보려고 한다.

'산' 제물

첫 번째 요점은 분명하다. 죽은 제물이 아니라 살아 있는 제물이 되어야 한다. 이것은 바울 당시에는 매우 혁신적인 것이었지만, 우리는 이 말에 지나치게 익숙해서 그 느낌을 잃어버렸다.

바울이 살던 당시에, 제물은 항상 죽임을 당했다. 특히 유대의 종교적인 의식에서, 동물을 제사장에게 가지고 가면 그 제물을 가져온 사람이 그 동물을 놓고 자신의 죄를 고백한다. 상징적으로 자신의 죄를 동물에게 전가하는 것이다. 그런 다음에 그 동물은 죽임을 당한다. "죄의 삯은 사망이요"(롬 6:23)라는 것과 죄인의 구원은 대속에 의한 것임을 상기시키는 생생한 방법이었다. 그 희생 제사에서 동물은 예배자를 대신해서 죽었다. 예배자가 죽지 않도록 동물이 대신 죽었다. 그러나 지금, 거룩하고 영감 있는 창조성으로, 바울은 우리가 드려야 하는 제물이 죽은 것이 아니라 '살아 있는' 제물이어야 한다고 말한다. 우리는 우리 삶을 하나님께 드려야 하고, 그 결과로 "다시는 그들 자신을 위하여 살지 않고 오직 그들을 대신하여 죽었다가 다시 살아나신 이를 위하여 살게 하려 함이라"(고후 5:15)는 말씀을 이루게 된다.

살아 있는 제물! 그런데 어떤 생명으로 드려야 하는가? 분명히 예전의 죄악된 생명은 아니다. 죄악 가운데 살고 있었을 때, 우리는 이미 죽은 생명이었다. 그러므로 그리스도께서 주신 새로운 영적인 생명을 하나님께 드려야 한다.

로버트 스미스 캔들리쉬(Robert Smith Candlish)는 1백 년 전에(1806–1873) 살았던 스코틀랜드 목회자인데, 성경에 대한 놀라운 주석을 남겼다. 이중에 로마서 12장에 대한 주석 전집이 있는데, 그 책에는 하나님께 드려야 하는 생명의 본질에 대해 캔들리쉬가 고심하여 기록한 단락이 있다. 그는 "어떤 생명인가?"라고 질문한다. "동물적 생명, 즉 지각이 있고 움직이는 창조물이 공통적으로 가진 생명뿐만 아니라, 그와 더불어 지적인 생명, 즉 생각할 줄 알고 자발적인 선택을 할 수 있는 모든 존재의 특징이 되는 생명, 그리고 영적인 생명, 가장 고상한 의미에서의 생명, 즉 어떤 존재가 속죄의 희생이 필요한 상태에 빠졌을 때, 그를 대신해 속죄의 제물로 드려지는 바로 그 생명이다."[1]

여러 가지 의미 중에서도, 이 내용이 의미하는 것은 하나님이 원하시는 대로 우리 자신을 하나님께 드리고자 한다면 신자가 되어야 한다는 것이다. 어떤 사람들은 하나님께 돈이나 시간을 드리기도 하고 종교적인 헌신을 하기도 할 것이다. 그러나 그리스도인이 하나님께 돌려드릴 수 있는 유일한 것은 그리스도 안에서 처음에 받았던 영적인 새 생명뿐이다. 실제로, 우리는 그리스도 안에서 살리심을 받았기 **때문에**, 그렇게 할 수 있으며 그렇게 하기를 원하는 것조차 그 때문이다.

우리 몸을 드리는 것

하나님이 요구하시는 제물의 본질에 대해 알아야 할 두 번째 사항은, 제물은 우리 몸을 하나님께 드리는 것과 관련 있다는 것이다. 예전의 주석가 중 몇몇은 우리 몸을 드리는 것이 실제로는 우리의 전 존재를 드리는 것이라고 강조한다. 칼빈은 "바울이 말하는 '몸'은 우리의 피부와 뼈뿐만 아니라 우리를 구성하는 전체를 뜻한다"[2]고 말했다. 우리의 전 존재를 하나님께 드려야 하는 것은 당연한 것이지만, 오늘날 대부분의 주석가들은 '몸'이라는 단어를 쉽게 지나치지 않는다. 성경이 우리 몸의 중요성을 얼마나 강조하는지를 알기 때문이다.

예를 들어, 레온 모리스(Leon Morris)는 이렇게 말한다. "바울은 분명히 그리스도인들이 하나님께 그들의 몸뿐만 아니라 그들의 전 존재를 드리기를 기대하고 있었다. … 그러나 기독교 세계관에서 몸이 매우 중요하다는 것을 명심해야 한다. 우리의 몸은 '의의 무기'(롬 6:13)이고 '그리스도의 지체'(고전 6:15)이다. 몸은 성령의 전이다(고전 6:19). 바울은 '몸과 영을 다 거룩하게' 하라고 말한다(고전 7:34). 몸 안에는 악을 행할 수 있는 여러 가능성이 있지만, 성도들 안에서 '죄의 몸'은 이미 죽었음을 바울은 알고 있다(롬 6:6)."[3]

이와 비슷하게, 로버트 홀데인은 "여기에서 사도가 말하는 것은 바로 '몸'이고, 그의 말이 내포하는 것 이상의 의미를 이끌어내는 것은 적절치 않다. … 이것은 영혼뿐만 아니라 몸으로 하나님을 섬기는 것이 중요함을 보여준다"[4]라고 말한다.

바울이 우리 몸을 하나님께 '산 제물'로 드리는 의미에 대해 로마서 12장에서 더 자세하게 설명하진 않았지만, 로마서가 아니더라도 이 주장이 완전히 새로운 것은 아니기 때문에 바울이 뜻하는 바를 전혀 알 수 없는 것은 아니다. 이 생각은 이미 로마서 6장에 기록되어 있다. 6장에서 바울은 "그러므로 너희는 죄가 너희 죽을 몸을 지배하지 못하게 하여 몸의 사욕에 순종하지 말고 또한 너희 지체를 불의의 무기로 죄에게 내주지 말고 오직 너희 자신을 죽은 자 가운데서 다시 살아난 자 같이 하나님께 드리며 너희 지체를 의의 무기로 하나님께 드리라 죄가 너희를 주장하지 못하리니 이는 너희가 법 아래에 있지 아니하고 은혜 아래에 있음이라"(12~14절)고 말했다. 이 말씀은 바울이 성화에 대해 처음으로 말하기 시작한 내용의 첫 번째 부분이고, 이 말씀의 요점은 로마서 12장에서 말씀하는 요점과 같은데, 즉 우리 몸을 하나님께 드림으로써 하나님을 섬겨야 한다는 것이다.

죄는 우리 몸을 통해서 우리를 주도할 수 있지만, 이런 일은 일어나면 안 된다. 따라서 우리 몸을 죄의 무기로 드리지 말고, 하나님의 뜻을 행하는 도구로 하나님께 드려야 한다. 이를 실천하기 위해서는 몸의 구체적인 부분과 연관시켜 생각해 볼 필요가 있다.

1. **우리의 마음** : 마음에서부터 시작하는 이유는, 대개 마음을 자기 자신으로 생각해서 마음을 몸에서 분리시키지만, 사실 마음은 몸의 일부이고 우리가 얻어야 할 승리는 마음에서부터 시작하기 때문이다. 3장에서는 마음을 하나님께 드리는 문제에 대해 많은 이야기를 하지 않을 것이다. 나중에 마음을 새롭게 하는 문제를 이야기하면서 더 풍성히 다룰 것이다. 하지만 이것이 "너희는 이 세대를 본받지 말고 오직 **마음을 새롭게 함으로** 변화를 받아"라고 2절에서 말씀한 바로 그 이유다.

마음으로 하는 일이 그리스도인으로서 어떤 사람이 될지를 상당 부분 결정한다는 사실을 생각해본 적이 있는가? 당신의 마음을 세속적인 문화의 산물로만 가득 채운다면, 당신은 정말 세속적이고 죄악된 사람일 것이다. 당신의 머리를 쓰레기 같은

'통속' 소설로 채운다면, 그 소설에서 읽었던 쓰레기 같은 인물처럼 살기 시작할 것이다. 텔레비전을 보는 것 외에 아무 일도 하지 않는다면, 텔레비전 속의 악당처럼 행동하기 시작할 것이다. 한편, 당신의 마음을 성경과 기독교 서적으로 먹이고, 거룩한 대화로 마음을 훈련하고, 세상적인 생각에 대해 성경적인 진리를 적용하면서 보고 듣는 것을 비판하도록 마음을 훈련한다면, 당신은 점점 더 거룩해지고 하나님께 더 의미 있는 사람이 될 것이다.

세상적인 책을 한 권씩 읽을 때마다, 한 권의 좋은 기독교 서적, 즉 당신의 마음을 영적으로 성장시킬 수 있는 책도 한 권씩 읽는 것을 목표로 삼으라.

2. 우리의 눈과 귀 : 느낌을 받아들이고 걸러내고, 그래서 의의 도구로 하나님께 드려야 하는 몸의 지체는 마음만이 아니다. 눈과 귀를 통해서도 느낌을 받아들이기 때문에, 이 또한 하나님께 복종시켜야 한다.

사회학자들은 평범한 젊은이가 21세가 될 때까지 30만 개나 되는 광고 방송을 무차별적으로 접하게 된다고 말한다. 이 광고는 모두 개인의 만족이 인생의 가장 중요한 목적이라는 가정 하에 자기 메시지를 전달한다.[5] 현대의 커뮤니케이션 방법들은 거룩함이 아니라 '물질'을 획득하는 데 우선순위를 둔다. 사실, 거룩함에 대해서는 전혀 언급하지 않는다. 텔레비전만 보고, 광고지만 읽고, 세속적인 라디오 방송만 듣는 사람이라면, 어떻게 거룩해질 수 있겠는가?

내가 이 세상 문화에서 따로 떨어져 있어야 한다는 복음주의적 수도원 운동을 옹호하는 것은 아니다. 세속 문화에 함몰되어 멸망하기보다는 세속 문화에서 물러서 있는 것이 훨씬 좋은 일이긴 하겠지만 말이다. 그러나 어떻게든 우리 안에 들어온 세속적인 내용을 영적인 것으로 균형을 잡아 주어야 한다. 텔레비전을 보는 시간만큼 성경을 공부하고, 기도하고, 예배드리는 것을 또 하나의 목표로 삼기 바란다.

3. 우리의 혀 : 혀도 우리 몸의 일부이고, 선한 일에든 악한 일에든 혀로 하는 일은 정말 중요하다. 예수님의 형제인 야고보는 "혀는 곧 불이요 불의의 세계라 혀는 우리 지체 중에서 온 몸을 더럽히고 삶의 수레바퀴를 불사르나니 그 사르는 것이

지옥 불에서 나느니라"(약 3:6)라고 말했다. 당신의 혀가 의의 무기로 하나님의 손에 드려지지 않는다면, 이 말씀은 당신에게 도 이루어질 것이다. 히틀러 같은 사람이 되어, 혀로 악을 행하 여 세상을 무력 분쟁에 빠지게 해서는 안 된다. 이런 일은 약간 의 험담이나 비방만으로도 충분할 수 있다.

당신이 해야 할 일은 하나님을 찬양하고 섬기는 데 당신의 혀를 사용하는 것이다. 한 예를 든다면, 혀로 성경 암송하는 법 을 배워야 한다. 당신은 아마 대중가요의 가사는 많이 알고 있 을 것이다. 당신의 혀를 하나님의 말씀을 말하는 데 사용할 수 는 없는가? 그리고 예배를 드릴 때는 어떤가? 찬송가나 다른 찬양으로 하나님을 찬양하는 데 혀를 사용해야 한다. 무엇보다 도 예수 그리스도의 인격과 사역을 다른 사람들에게 증거하는 데 혀를 사용해야 한다.

거룩한 모습으로 성장하고 싶다면, 목표로 삼아야 할 것이 또 하나 있다. 별 의미 없는 대화를 나누는 시간만큼 다른 사람 에게 예수님을 전하는 데 당신의 혀를 사용하라.

4. 우리의 손과 발 : 우리의 손과 발에 대해 몇 가지 중요한

성경 말씀이 있다. 데살로니가전서 4장 11~12절에서, 바울은
자신의 손으로 일을 하고 자립해서 다른 사람을 의지하지 말라
고 말한다. "또 너희에게 명한 것 같이 조용히 자기 일을 하고
너희 손으로 일하기를 힘쓰라 이는 외인에 대하여 단정히 행하
고 또한 아무 궁핍함이 없게 하려 함이라." 에베소서 4장 28절
에서는, 일을 해서 가난한 사람들에게 무엇인가를 줄 수 있게
하라고 말한다. "도둑질하는 자는 다시 도둑질하지 말고 돌이
켜 가난한 자에게 구제할 수 있도록 자기 손으로 수고하여 선
한 일을 하라."

우리의 발과 관련해서는, 로마서 10장에 복음을 필요로 하
는 사람들에 대한 말씀이 있다. "그런즉 그들이 믿지 아니하는
이를 어찌 부르리요 듣지도 못한 이를 어찌 믿으리요 전파하는
자가 없이 어찌 들으리요 보내심을 받지 아니하였으면 어찌 전
파하리요 기록된 바 아름답도다 좋은 소식을 전하는 자들의 발
이여 함과 같으니라"(롬 10:14~15).

당신의 손으로 무엇을 하는가? **당신의** 발로 어디를 가는가?
그리스도를 거부하고 모욕하는 곳으로 가겠는가? 공공연히 죄
가 행해지는 곳으로 가겠는가? 한가할 때면 '신나는' 독신자

클럽이나 옳지 않은 장소에서 어슬렁거리며 시간을 보낼 것인가? 그런 곳에서는 거룩한 모습으로 성장할 수 없고, 의로운 행동에서 멀어지게 될 것이다. 그 대신, 하나님을 사랑하고 섬기는 사람들이 모이는 장소로 가라. 세상 속으로 들어갈 때는, 그리스도의 이름으로 세상을 섬기고 그 이름을 증거하라. 당신의 손과 발을 그리스도를 위해 사용하라.

세속적인 모임에 참석하는 것만큼, 기독교 모임에도 참석하기로 결심하라. 그리고 세속적인 모임에 갈 때마다, 말과 행동으로 예수 그리스도를 증거하는 삶을 살라.

온전한 거룩함

제물의 본질을 가르치기 위해 바울이 사용한 세 번째 단어는 '거룩함'이다. 우리가 드리는 제물은 어떤 것이든 반드시 거룩해야 한다. 점이나 흠이 없어야 하고, 온전히 하나님께 성별된 것이어야 한다. 조금의 흠이라도 있다면 모든 사람의 섬김을 받기에 합당하신 위대하고 거룩하신 하나님에 대한 모욕이다. "… 은이나 금 같이 없어질 것으로 된 것이 아니요 오직 흠 없고 점 없는 어린 양 같은 그리스도의 보배로운 피로"(벧전 1:18~19) 구원받은 우리, 이런 **우리**는 어느 정도로 거룩해져야 하는가. 베드로는 "오직 너희를 부르신 거룩한 이처럼 너희도 모든 행실에 거룩한 자가 되라 기록되었으되 내가 거룩하니 너희도 거룩할지어다 하셨느니라"(벧전 1:15~16)고 말한다. 히브리서 기자는 "모든 사람과 더불어 화평함과 거룩함을 따르라 이것이 없이는 아무도 주를 보지 못하리라"(히 12:14)고 말했다.

물론, 산 제물에 대해 이야기했던 내용의 핵심이 바로 이것이다. 다른 말로 하면, 이 주제의 결말이 바로 거룩함이다. 또 다른 말로 한다면, 로마서 전체가 지향하고 있는 그 지점이 바로 거룩함이다. 로마서는 구원에 대한 책이다. 하지만 누군가 지혜롭게 말했던 것처럼, 구원이란 예수님이 우리의 '죄 안에서'가 아니라 우리를 '죄로부터' 구원하시기 위해 죽으셨다는 의미다.

핸들리 모울(Handley C. G. Moule)은 그 내용을 아주 잘 표현했다. "지금 우리 앞에 놓인 거룩함의 법칙에 실제적으로 접근할 때, 서신서에서 보았던 내용, 즉 거룩함은 복음 전체의 목적이며 주제라는 것을 다시 한 번 기억하자. 거룩함은 정말로

'삶의 증거'이고, 그 사람이 정말로 하나님을 알고 있으며 천
국으로 가는 길 위에 있는지를 알아보려고 할 때 대단히 중요
한 문제다. 그런데 거룩함은 그 이상이다. 거룩함은 생명의 표
현이다. 거룩함은 생명이 비롯되어야 하는 형식이며 행동이다.
믿는 우리는 '열매를 맺도록' 예수님이 '택하여 세우신' 사람
들이며(요 15:16), 그 열매는 많아야 하고 항상 있어야 한다."[6]

　　지금 이 시대에 미국의 복음주의자들 사이에서 거룩함보다
더 등한시되는 주제가 있을까? 없다고 생각한다. 하지만 자신
을 그리스도인이라고 생각하는 사람들이 거룩함을 진지하게
추구하던 때가 있었고, 사람이 어떻게 살아가야 하는지, 그리
고 내면에 무엇이 있어야 하는지를 극히 중요하게 여기던 때가
있었다.

　　제임스 패커는 《거룩의 재발견 Rediscovering Holiness》에서
이 문제에 관심을 가지라고 권면한다. "청교도들은 모든 관계
와 삶의 초점이 궁극적으로 '하나님께서 인정하시는 거룩함'
에 맞추어져야 한다고 주장했다. 존 웨슬리는 '전 세계 사람들
을 향해 하나님께서 성경적인 거룩함을 이 땅에 전파하기 위
해' 감리교를 일으키셨다고 말했다. 이 외에도 피비 팔머, 핸

들리 모울, 앤드류 머레이, 제시 펜 루이스, F. B. 마이어, 오스왈드 챔버스, 호라티우스 보나, 에이미 카마이클, L. B. 맥스웰은 19세기 중반부터 20세기 중반까지 모든 그리스도인에게 영향을 주었던 '성결 운동'의 대표적인 인물들이다."[7]

　그러면 오늘날은 어떠한가? 이 시대에 거룩함은 그리스도인의 중요한 자질로서는 거의 잊혀졌다. 그래서 우리는 거룩해지려고 하지 않는다. 거룩함이 무슨 의미인지조차 모른다. 그리고 다른 사람 안에서 거룩함을 찾지도 않는다. 훌륭한 목사이자 부흥강사였던 로버트 머레이 매케인(Robert Murray McCheyne)은 "성도들이 내게 가장 원하는 것은 나의 개인적인 거룩함이다"라고 말한 적이 있다. 그러나 오늘날의 목회자들에게 거룩함을 요구하는 교회 운영위원회가 있는가? 거의 없다. 목회자에게 매력적인 성격, 뛰어난 의사소통 기술, 행정력, 그리고 다른 세속적인 능력을 요구할 뿐이다.

　우리도 거룩함에 대한 책이나 테이프를 찾지 않으며 하나님께로 더 가까이 나아가게 하는 세미나에는 참석하지 않는다. "행복해지는 방법", "자녀를 잘 양육하는 방법", "성 생활을 잘할 수 있는 방법", "사업에서 성공하는 방법"에 대한 정보를 원할 뿐이다.

　다행히도, 이 문제로 고민하던 몇몇 복음주의적인 지도자들이 이 결핍 현상을 주목하기 시작했고 문제를 제기하기 시작했다. 나는 패커의 책과 함께, 몇 년 전에 제리 브리지스(Jerry Bridges)가 쓴 《거룩함의 추구 *The Pursuit of Holiness*》라는 책을 권하고 싶다. 같은 주제에 대해 영국 주교인 존 찰스 라일(John Charles Ryle)이 쓴 오래된 고전도 있다.[8]

"하나님이 기뻐하시는"

　우리가 드릴 산 제물의 본질을 설명하면서 바울이 네 번째로 쓴 말은 "하나님이 기뻐하시는"이다. 그리고 이것은 3장에서 지금까지 이야기한 내용의 결론이기도 하다. 바울이 우리에게 명령한 대로 행한다면, 즉 우리 몸을 "하나님께 거룩한 산 제물로" 드리게 되면, 우리가 행한 일이 하나님을 기쁘시게 하거나 하나님이 받으실 만한 것임을 알게 될 것이기 때문이다.

　우리가 하나님을 기쁘시게 할 수 있는 일이 있다는 것을 하나님이 찾아내셨다는 사실이 정말 놀랍다. 그러나 사실이다!

'기뻐하시는' 이라는 단어가 이 짧은 단락에 두 번이나 나온다
는 사실에 주목하라. 첫 번째는 지금 살펴본 것인데, 우리 자신
을 하나님께 드릴 때 하나님이 기뻐하신다고 말씀한다. 두 번
째는 2절 끝부분에 나오는데, 우리가 이렇게 행할 때 우리 삶
에 대한 하나님의 뜻이 선하시고 온전하실 뿐만 아니라 '기뻐
하시는' 것임을 알게 될 것이라고 말씀한다. 나에 대한 하나님
의 뜻이 기쁨이 되어야 한다는 것, 즉 내게 기쁨이 되어야 한다
는 것을 나는 이해할 수 있다. 가장 지혜롭고 선하신 하나님이
라면, 어찌 그렇지 않겠는가? 하나님은 내게 선한 일을 행하셔
야만 한다. 그러나 내가 최선의 노력을 다하고 있을 때조차 나
는 죄를 짓고, 무지하고, 두 마음을 품고 있음을 알고 있는데,
내 자신을 하나님께 드리는 것이 하나님께 기쁨이 된다는 사실
은 정말 놀랍다.

정말 그렇다! 내가 최선을 다하고 있을 때도 나 자신을 '무
익한' 종으로 생각해야 한다고 성경은 말씀한다(눅 17:10). 그러
나 예수님이 처음에 내게 주셨던 것을 예수님께 다시 드리면서
그분을 위해 산다면, 언젠가 나는 "착하고 충성된 종아! … 네
주인의 즐거움에 참여할지어다"(마 25:21, 23)라고 하시는 예수

님의 칭찬을 듣게 될 것이다.

각주 ❧❧❧

1. Robert S. Candlish, *Studies in Romans 12: The Christian's Sacrifice and Service of Praise* (Grand Rapids: Kregel Publications, 1989), pp. 33, 34.

2. John Calvin, *The Epistles of Paul the Apostle to the Romans and to the Thessalonians*, trans. Ross MacKenzie (Grand Rapids: Wm. B. Eerdmans, 1973), p. 264.

3. Leon Morris, *The Epistle to the Romans* (Grand Rapids: Wm. B. Eerdmans, and Leicester, England: Inter-Varsity Press, 1988), pp. 433, 434.

4. Robert Haldane, *An Exposition of the Epistle to the Romans* (MacDill AFB: MacDonald Publishing, 1958), p. 554. 참조, John Murray, *The Epistle to the Romans*, 2 vols. in 1 (Grand Rapids: Wm. B. Eerdmans, 1968), vol. 2, p. 111. 머레이(Murray)는 헬라 사상이 영혼을 중요시하고 몸을 경시했음을 지적하고, 그런 사상에 반대해서 바울이 몸을 강조한 것은 기독교에 필수적이었다고 주장한다.

5. 참조, Mike Bellah, *Baby Boom Believers: Why We Think We need It All and How to Survive When We Don't Get It* (Wheaton, Ill.: Tyndale House, 1988), p. 27.

6. Handley C. G. Moule, *The Epistle of St. Paul to the Romans* (London: Hodder and Stoughton, 1896), pp. 324, 325.

7. J. I. Packer, *Rediscovering Holiness* (Ann Arbor, Mich.: Servant Publications, 1992), pp. 12, 13. 《거룩의 재발견》, 도서출판 토기장이.

8. J. C. Ryle, *Holiness: Its Nature, Hindrances, Difficulties and Roots* (Cambridge: James Clark, 1959), and Jerry Bridges, *The Pursuit of Holiness* (Colorado Springs: NavPress, 1978). 최근에 여러 중요한 책들이 영적 훈련의 한 측면으로 거룩함을 다루고 있다: R. Kent Hughes, *Disciplines of a Godly Man* (Wheaton, Ill.: Crossway Books, 1991); Dallas Willard, *The Spirit of the Discipline: Understanding How God Changes Lives* (San Francisco: Harper & Row, 1988); and Donald S. Whitney, *Spiritual Discipline for the Christian Life* (Colorado Springs: NavPress, 1991).

Chapter 04

하나님의 놀라운 은혜

하나님의 모든 자비하심으로

세속적인 사람들은 이러한 기독교적인 동기를 결코 이해
하지 못한다. … 나는 하나님의 구원 계획을 통해, 무엇
을 얻으려는 태도가 아니라 감사하는 태도야말로 진정한
그리스도인의 삶을 추구하는 원동력이 된다는 원리를 배
운다.

_제임스 패커

사람들이 이룰 수 있는 것을 최대한 이룰 수 있게 만드는 것, 또는 군대 신병 모집 광고처럼, '최상의 자신'이 되도록 동기를 부여하는 것은 무엇인가? 여러 가지 답이 있을 수 있다.

동기를 부여하는 한 가지 방법은 그들에게 도전하는 것이다. 《친구를 얻고 사람들에게 영향을 주는 법 *How to Win Friends and Influence People*》의 저자인 데일 카네기는, 생산성이 낮은 직원들을 둔 공장 관리자를 예로 든다. 공장의 사장인 찰스 스왑(Charles Schwab)은 관리자에게 무엇이 문제인지를 물었다.

"잘 모르겠습니다. 직원들을 달래 보기도 하고, 밀어붙이기도 하고, 욕하고 꾸짖기도 하고, 해고시키겠다고 위협도 해보았습니다. 하지만 아무런 효과가 없습니다. 그들은 여전히 일을 안 합니다"라고 대답했다.

"오늘 주간 작업조는 주물을 몇 개나 만들었습니까?" 스왑이 물었다.

"여섯 개입니다."

아무 말 없이 스왑은 분필을 들고 마룻바닥에 '6'이라고 크게 썼다. 그리고는 가 버렸다.

야간 작업조가 들어와서 '6' 이라는 숫자를 보고 무슨 뜻인지를 물었다. "사장님이 오늘 여기에 오셨어"라고 누군가 말했다. "사장님이 오늘 주간조가 주물 작업을 몇 개나 했는지 물어서 6개라고 대답했더니, 그 숫자를 바닥에 써 놓으셨어."

다음 날 아침 스왑이 공장에 왔다. 야간 작업조가 '6' 을 지우고 그 대신 '7' 이라고 더 크게 써 놓고 있었다. 그날 아침 출근한 주간 작업조는 '7' 이라는 숫자를 보았다. 그래서 야간 작업조가 주간 작업조보다 일을 많이 한 것을 알 수 있었다. 주간 작업조는 그 숫자를 보고, 정말 열심히 일해서, 그날 저녁 퇴근하기 전에 '7' 을 지워버리고 그 자리에 '10' 이라고 써 놓았다. 스왑은 단지 도전 과제를 던졌을 뿐인데 24시간만에 생산성을 66퍼센트나 끌어올렸다.[1]

유명한 프랑스의 장군인 나폴레옹은 사람들이 값싼 장신구에 의해 움직인다고 말했다. 값싼 장신구는 훈장을 말한 것이고, 군인들은 인정받기 위해서라면 죽음까지도 무릅쓴다는 의미로 한 말이다.

제2차 세계대전이라는 어려운 시기에 위대한 정치인이자 영국의 수상이었던 윈스턴 처칠은 승리에 대한 비전과 탁월한 연설로 영국 국민에게 동기를 부여했다. 오늘날까지도 그의 연설은 기억되고 있다. "우리의 목적은 승리입니다. 어떤 희생을 치르더라도, 어떤 두려움이 있더라도, 그 길이 아무리 멀고 험난할지라도 승리하는 것입니다." 처칠은 영국 국민에게 그 일이 쉬울 것이라고 약속하지 않았으며, 오히려 "피와 땀과 눈물"밖에 바칠 것이 없다고 말했다. 국민이 최선의 노력으로 응답했을 때, 처칠은 그 시기가 "최고의 시간"이었다고 말했다.

하나님의 자비

그러면 그리스도인으로서의 삶을 살아가도록 동기를 부여하는 것은 무엇일까? 로마서 12장 1절의 말씀대로 한다면, 자신의 몸을 하나님께 산 제물로 드리도록 동기를 부여하는 것은 무엇일까?

우리가 자신에 대해 생각하는 것만큼, 때로 우리가 주장하는 만큼, 우리가 이성적인 사람이라면, 우리 몸을 하나님께 산 제물로 드리는 데 다른 동기부여는 필요 없을 것이다. 그것은 이 세상에서 우리가 해야 할 가장 합리적인 일이기 때문이다. 하나님은 우리의 창조자가 되신다. 하나님은 예수 그리스도의 죽음으로 우리를 죄에서 구원하셨다. 하나님은 우리를 그리스도 안에서 살리셨다. 하나님은 우리를 사랑하시고 우리를 돌보신다. 하나님이 우리에게 행하신 일에 대한 보답으로 우리가 하나님을 사랑하고 하나님을 섬기는 것은 합당하다. 하지만 우리는 그처럼 이성적이지 않기 때문에 강권적인 설득이 필요하고, 그래서 바울은 로마서 12장에서 우리에게 강권한다. 1절에서 바울은 우리 몸을 하나님께 산 제물로 드리라고 강력하게 권고하는데, 그가 제시한 이유는 하나님의 자비하심이다. "그러므로 형제들아 내가 **하나님의 모든 자비하심으로** 너희를 권하노니 너희 몸을 하나님이 기뻐하시는 거룩한 산 제물로 드리라 이는 너희가 드릴 영적 예배니라."

로마서 12장 1절은 놀라운 말씀이다. 이 구절은 정말로 중요한 의미가 있기 때문에 바로 이번 장에서 이 구절을 주의 깊게 분석해보려고 한다.

우리는 '그러므로'라는 단어를 분석하면서 이 책을 시작했는데, 이 단어는 바울이 로마서 앞부분에 썼던 모든 내용과 로마서 12장 1~2절의 권면을 연결한다. 다음으로 '제물'이라는 개념을 살펴보았는데, 낯설게 보일 수도 있지만 자신에 대해 죽을 때 그것이 진정으로 사는 길임은 참된 기독교 안에서 발견할 수 있는 개념이다. 세 번째로, '이 제물의 본질'을 분석했다. 첫째, 죽은 것이 아닌 살아 있는 제물이어야 한다. 둘째, 하나님을 섬기기 위해 우리 몸의 구체적인 부분을 드리는 것도 포함된다. 셋째, 그 제물은 거룩해야 한다. 넷째, 그런 제물이라면 하나님이 받으실 만한 제물이 될 것이다.

그런데 **왜** 우리 몸을 산 제물로 드려야 하는가? 이것이 바로 지금 제기하는 질문이며, 그 대답은 이미 제시한 대로 '하나님의 모든 자비하심' 때문이다. 헬라어 본문에서 '자비'는 NIV에서 보았던 것처럼 단수가 아닌 복수다. 우리를 하나님께 드리는 이유는 말 그대로 하나님의 여러 가지 자비하심 때문이다. 즉 하나님이 많은 방법으로 우리에게 은혜를 베푸셨기 때문이다.

세상이 사물을 보는 관점과는 전혀 다른 관점이다. 의로운 삶에 대한 세상의 관점을 생각해보면, ― 오늘날 그런 생각이나 할 것인지 매우 의심스럽지만 ― 세상은 "도덕적인 삶을 살아야 하는 이유는, 그렇게 살지 않으면 곤경에 빠지기 때문이다"라고 말할 것이다. 아니면 가장 믿을 만한 세상의 가치관은 "그렇게 하는 것이 당신에게 유리하기 때문"이라고 대답할 것이다.

로마서 12장 1절은 그렇게 말씀하지 않는다.

《거룩의 재발견》에서 제임스 패커는 "세속적인 사람들은 이러한 기독교적 동기를 결코 이해하지 못한다. 불신자들에게 '왜, 그리스도인들이 그런 식으로 행동한다고 생각하느냐'라고 질문하면, 그들은 '기독교는 언제나 자기 중심적인 목적만 추구하기 때문'이라고 대답한다. 그들은 그리스도인들을 만약 신앙생활을 안 할 경우에 거기에 따르는 결과가 두려워 추종하는 사람들(화재보험으로서의 종교), 자신의 목적을 성취하기 위해 도움이나 후원을 받고자 하는 사람들(목발로서의 종교), 일정한 사회적 품위를 유지하고 싶어 하는 사람들(고결함의 상징으로서의 종교) 중의 하나로 간주한다. 물론 교회의 구성원들 가운데 이러한 동기를 지닌 사람들이 분명히 있다. 하지만 말(馬)을 집으로 데려온다고 해서 사람이 될 수 없듯이, 이기적인 동기가 교회에 들어온다고 기독교적인 동기로 바뀌지도 않고, 그러한 동기를 가지고 수행하는 종교적 관습에 대해 '거룩함'이란 용어를 붙일 수도 없다. 나는 하나님의 구원 계획을 통해, 무엇을 얻으려는 태도가 아니라 감사하는 태도야말로 진정한 그리스도인의 삶을 추구하는 원동력이 된다는 원리를 배운다."[2]

이것이 바로 바울이 가르치는 내용이다. "바울은 이 말씀에서 우리가 하나님의 자비하심에 얼마나 빚진 존재인가를 제대로 이해하기 전까지는 진실한 마음으로 하나님을 예배하거나 충분한 열정으로 하나님을 경외하고 그분께 순종할 수 없을 것이라고 가르친다"[3]라고 존 칼빈은 쓰고 있다.

자비란 무엇인가?

'자비(mercy)'는 성경에서 선함(goodness), 은혜(grace)라는 단어와 함께 쓰이는 경우가 종종 있다. '선함'은 가장 일반적인 용어인데, 하나님으로부터 비롯된 모든 것, 즉 하나님의 명령, 하나님의 율법, 하나님의 섭리 등을 모두 포함한다. 같은 방법은 아닐지라도 하나님은 선택받은 사람들과 선택받지 못한 사람들 모두에게 선을 베푸신다. 하나님은 선하시고, 하나님이 행하시는 모든 일은 선하다. '은혜'는 호의라는 뜻이고, 특히 받을 만한 자격이 없는 사람들을 향한 호의를 의미한다. 의로운 사람들과 불의한 사람들에게 모두 비를 내리시는 것처럼 하나님이 모든 사람에게 베푸시는 '일반 은혜'가 있다. '특별 은혜' 또는 '구원 은혜'도 있는데, 이는 하나님이 죄에서 구원해주신 사람들에게 보여 주신 은혜다. '자비'는 은혜의 한 측면이지만, 자비만의 특징은 불쌍한 사람에게 주어진다는 것이다.

아더 W. 핑크는 "자비는 타락한 피조물의 불행을 완화시켜 주시려는 하나님의 성향을 의미한다. 이처럼 하나님의 자비는 죄를 전제한다"[4]라고 말한다.

이에 대한 예를 세 가지만 들어 보려고 한다.

1) "태초에"

첫 번째 예는 아담이다. 인간 역사의 맨 처음으로 돌아가서, 아담과 하와가 금지된 나무의 열매를 먹음으로 죄를 지은 후 하나님이 아담에게 오셨을 때 아담이 어떤 감정을 느꼈을지 상상해보기 바란다. 하나님이 아담에게 "동산 각종 나무의 열매는 네가 임의로 먹되 선악을 알게 하는 나무의 열매는 먹지 말라 네가 먹는 날에는 반드시 죽으리라 하시니라"(창 2:16~17)고 경고하신 것을 기억할 것이다. 히브리어 본문에는 실제로 "네가 그 열매를 먹는 **바로 그 날에** 너는 죽을 것이다"라고 되어 있다. 그러나 아담과 하와는 그 열매를 먹었고, 이제 하나님이 그들에게 오셔서 책임을 추궁하시고(창 3:9~13), 심판을 선언하신다(14~19절).

"네가 어디 있느냐?" 하나님이 부르셨다.

아담과 그의 아내는 하나님이 오시는 소리를 듣고 나무 사이에 숨었고, 겁에 질려 있었다. 하나님은 그들이 금지된 나무 열매를 먹는 날에는 죽을 것이라고 말씀하셨다. 하와는 틀림없이 이제 죽을 것이라고 생각했을 것이다. 아담도 틀림없이 죽게 될 것이라고 생각했을 것이다. "내가 동산에서 하나님의 소리를 듣고 내가 벗었으므로 두려워하여 숨었나이다." 아담이 대답한다.

"누가 너의 벗었음을 네게 알렸느냐 내가 네게 먹지 말라 명한 그 나무 열매를 네가 먹었느냐." 하나님이 물으셨다.

아담은 그 열매를 먹었다고 고백했지만, 여자에게 책임을 전가했다.

하나님은 여자에게 물으셨다. "네가 어찌하여 이렇게 하였느냐?"

여자는 뱀을 탓했다.

마침내 하나님은 뱀에 대한 심판부터 시작하셨다.

> 네가 모든 가축과 들의 모든 짐승보다 더욱 저주를 받아 배로 다니고
> 살아 있는 동안 흙을 먹을지니라 내가 너로 여자와 원수가 되게 하고
> 네 후손도 여자의 후손과 원수가 되게 하리니 여자의 후손은 네 머리
> 를 상하게 할 것이요 너는 그의 발꿈치를 상하게 할 것이니라 하시고
> (14~15절)

그 다음에 하나님은 여자에게 말씀하셨다. 아기 낳을 때의 고통과 결혼 생활 중에 심한 갈등이 있을 것을 예견하셨다. 이것이 '성(性)의 대결'이다.

마지막으로 하나님은 아담에게 말씀하셨다.

> 땅은 너로 말미암아 저주를 받고 너는 네 평생에 수고하여야 그 소산

을 먹으리라 땅이 네게 가시덤불과 엉겅퀴를 낼 것이라 네가 먹을 것

은 밭의 채소인즉 네가 흙으로 돌아갈 때까지 얼굴에 땀을 흘려야 먹

을 것을 먹으리니 네가 그것에서 취함을 입었음이라 너는 흙이니 흙

으로 돌아갈 것이니라 하시니라(17~19절)

당신이 아담의 입장이 되어, 이런 상황에 처해 있다고 상상
해보라. 하나님은 아담과 하와에게 죽을 것이라고 말씀하셨지
만, 그들은 죽지 않았다. 물론 심판은 내려졌다. 죄에는 항상
결과가 따른다. 그러나 그들이 죽지는 않았다. 사실, 하나님은
언젠가 사탄의 머리를 상하게 하고 사탄의 일을 무효로 만들
구원자가 오실 것이라고 선포하셨다. 더욱이, 하나님은 동물을
죽이고 동물의 가죽을 아담과 하와에게 입히심으로써, 죄인을
위한 의인의 죽음, 즉 그리스도의 구속 사역의 본질을 예시하
셨다(21절). 이는 전가된 의를 보여 주는 장면이다.

아담은 어떤 느낌을 받았을까? 이 질문에 답하는데 신학 학
위가 필요하진 않다. 아담은 분명히 하나님의 자비하심을 깨닫
고 압도당했을 것이다. 아담은 죽었어야 마땅했다. 그러나 하
나님은 그를 죽이는 대신에, 심판을 유보하시고 구원자를 약속

하셨다.

그때 아담이 그의 아내를 '하와', 즉 '생명을 주는 자' 혹은 '어머니'라는 뜻의 이름으로 부른 것은 놀라운 일이 아니다. 그것은 아담이 하나님의 약속에 대한 믿음을 표현하는 방식이었다. 그 여자의 씨로부터 구원자가 나올 것이라고 하나님이 말씀하셨기 때문이다. 하나님의 자비하심에 대한 기억 때문에 아담은 믿음을 가지고 계속해서 하나님을 바라볼 수 있었고, 그때로부터 긴 생애 동안 믿음으로 하나님을 위해 살 수 있었을 것이다. 아담은 930년을 살았고 셋째 아들인 셋, 그리고 노아에게로 이어지는 경건한 족장들의 조상이 되었다.

2) "죄인 중의 괴수"

이제 신약에서 두 번째 예를 들고자 한다. 바울이다. 처음에 바울은 사울이었다. 그는 기독교를 극심하게 반대하던 사람이다. 유대인 중에서 가장 엄격한 분파인 바리새인이었고, 조상들의 유전을 지키는 데 매우 열심이었다. 이 때문에 스데반이 순교당하는 일에 참여했으며, 그 후에도 그리스도인들을 체포하거나 박해하는 일을 계속했다. 예루살렘에서의 일을 마치고,

다메섹 회당 지도자들에게 보내는 편지를 가지고 그리스도인들을 만나는 대로 체포하여 예루살렘으로 데려와 심문하고 사형시키려고 다메섹으로 가고 있었다. 사도행전 9장 3~15절은 그때 일어난 일을 설명한다.

다메섹으로 가는 도중에 예수님이 사울을 막아 서셨다. 하늘로부터 밝은 빛이 있었고, 사울은 땅에 엎드렸고, 빛 때문에 눈이 보이지 않게 되었다. 그때 사울은 그에게 말씀하시는 음성을 들었다.

"사울아, 사울아, 네가 어찌하여 나를 박해하느냐?"

"주여 누구십니까?" 사울이 물었다.

"나는 네가 박해하는 예수라." 그 음성이 대답했다.

바로 그때 사울(바울)은 하나님이 에덴동산에서 아담에게 나타나셨을 때 아담이 느꼈을 감정과 비슷한 감정을 느꼈을 것이다. 하나님은 바울이 그리스도인을 박해했기 때문에 그가 죽어야 한다고 말씀하지 않으셨다. 사울은 하나님을 섬기는 것이라고 믿으면서 그리스도인을 박해했다. 그러나 사울은 크게 오해하고 있었다. 사울은 큰 죄를 범했고, 스데반이라는 하나님의 제자를 죽이는 일에도 참여했다. 바울이 어렴풋이 깨닫던 바로 그 순간, 자기에게 말씀하시는 분이 나사렛 예수라는 것을 깨닫고, 사울은 틀림없이 예수님이 그를 심판하실 것이라고 생각했을 것이다. 그는 분명히 심판받아 마땅한 사람이다. 그는 쓰러져 죽게 될 것이라고 생각했을 것이다.

그러나 예수님은 앞을 보지 못하는 바울을 다메섹으로 인도하셔서 그가 해야 할 일을 듣게 하셨다. 제자 아나니아가 그에게 메시지를 전해주었고, 그 메시지는 "내 이름을 이방인과 임금들과 이스라엘 자손들에게 전하기 위하여 택한 나의 그릇"이 되어야 한다는 것이었다(행 9:15). 바울의 눈이 열렸다.

이것이 자비일까? 분명히 그것은 자비다. 바울은 그 자비를 절대 잊지 않았다.

그래서 수년 후에 바울은 자신의 친구이자 동역자인 디모데에게 "미쁘다 모든 사람이 받을 만한 이 말이여 그리스도 예수께서 죄인을 구원하시려고 세상에 임하셨다 하였도다 죄인 중에 내가 괴수니라 그러나 내가 긍휼을 입은 까닭은 예수 그리스도께서 내게 먼저 일체 오래 참으심을 보이사 후에 주를 믿어 영생 얻는 자들에게 본이 되게 하려 하심이라"(딤전 1:15~16)라고 쓸 수 있었다. 바울이 기쁨으로 자신을 산 제물로 드리고 하나님을 기쁘시게 하기 위해 지칠 줄 모르고 사역할 수 있었던 이유는, 자신이 하나님의 자비와 은혜로 구원받은 죄인이라는 사실을 알았기 때문이다.

3) "노예 중의 노예"

세 번째 예는 영국 사람 존 뉴턴(1725~1807)이다. 뉴턴은 소년이었을 때 바다로 도망쳤고, 후에는 아프리카로 가서 노예무역에 종사했다. 나중에 그가 쓴 자서전을 보면, "마음껏 죄를 짓고 싶어서" 그런 것이었다. 그리고 그는 정말 마음껏 죄를 지었다. 그러나 죄의 길은 내리막길이고, 뉴턴은 결국 자기 주인의 구역인 아프리카에서 노예의 자리까지 내려갔다. 그의 주인은 노예를 사고파는 사람이었고, 그가 노예를 찾으러 떠나자 뉴턴은 노예상의 아프리카 부인 손에 맡겨졌다. 백인을 싫어했던 이 부인은 그 원한을 뉴턴에게 풀었다. 뉴턴은 개처럼 먼지투성이 바닥에서 음식을 먹어야 했고, 한때는 정말로 쇠사슬에 매여 있기도 했다. 뉴턴은 병들고 쇠약하여 거의 죽기 직전이었다.

나중에 뉴턴은 노예 신분에서 벗어났지만, 여전히 죄의 사슬에 묶여 있었고 아프리카 서해안에서 미국으로 노예를 실어 날랐다. 뉴턴이 회심하게 된 것은 바로 노예무역을 하고 돌아오는 길에서였다.

북대서양에 있던 배는 사나운 폭풍에 휩싸였고, 침몰 직전이었다. 항해 장비는 파손되었고, 배 안으로 바닷물이 들어오고 있었다. 선원들은 구멍을 막고 선체를 지탱하기 위해 애썼다. 뉴턴은 물을 퍼내려고 화물칸으로 내려갔다. 여러 날 동안 물을 퍼냈지만, 뉴턴은 그 배와 함께 침몰할 수밖에 없었다. 그러나 화물칸에서 물을 퍼내고 있을 때, 하나님은 뉴턴이 어렸을 때 어머니에게 배웠던 몇 가지 성경 구절을 생각나게 하셨고 그 말씀 때문에 뉴턴은 회심하게 되었다. 배는 폭풍 중에 파손되지 않았고 선원들은 구원받았다. 얼마 후에 뉴턴은 노예무역을 그만두고, '노예 중의 노예'였던 이 사람은 신학을 공부해서 마침내 위대한 설교자가 되었다. 그는 여왕 앞에서도 설교를 했다.

뉴턴이 변화된 계기는 무엇인가? 그를 향한, 비참한 죄인을 향한 하나님의 은혜와 자비를 깊이 깨달았기 때문이다. 뉴턴은 이렇게 썼다.

놀라운 주님의 은혜! 너무나 달콤한 주님의 음성

나 같이 불쌍한 자를 구해주시니!

한때 길을 잃었으나, 지금은 길을 찾았습니다.

한때 보지 못했으나, 지금은 볼 수 있습니다.

뉴턴은 하나님의 자비를 결코 잊지 않았다. 뉴턴의 한 친구가 복음을 거부하고 큰 죄를 지으며 살고 있는 누군가에 대해 불평했다. "나는 그 사람에 대해 거의 절망적이야"라고 그 친구가 말했다.

"하나님은 나 같은 사람도 구원해주셨기 때문에, 나는 누구에게도 절망하지 않아"라고 뉴턴이 말했다.

인생의 말년에, 뉴턴은 기억력이 쇠퇴하면서 설교 사역도 그만두어야 했다. 하지만 친구들이 찾아오면, 뉴턴은 자주 이렇게 말했다. "나는 노인이라 이제 기억도 다 사라졌어. 하지만 두 가지만은 기억할 수 있네. 내가 큰 죄인이라는 것과 예수님은 위대한 구원자라는 사실 말이야."

분명히 하나님의 자비하심 때문에 뉴턴은 자신의 몸을 하나님께 산 제물로 드리고 하나님을 기쁘시게 하려고 했다.

정말 놀라운 사랑

이제 **당신**에 대해 말해보자. 지금까지 당신에게 아담과 바울과 존 뉴턴의 입장이 되어, 그들이 그토록 위대한 하나님의 자비하심을 깨닫고 느꼈을 감정을 느껴보라고 말했다. 당신이 그리스도인이라면, 아담이나 바울이나 또 다른 인물을 언급하지 않고도 그들과 똑같이 느껴야 한다.

에베소서 2장은 당신의 상태를 설명한다. 하나님께서 그분의 자비하심을 보여 주시기 전에, 당신은 "허물과 죄로 죽었던"(1절) 사람이다. "이 세상 풍조를 따르고 공중의 권세 잡은 자를 따랐으며"(2절), "본질상" 하나님의 "진노"의 대상이었다(3절). "그 때에 너희는 그리스도 밖에 있었고 이스라엘 나라 밖의 사람이라 약속의 언약들에 대하여는 외인이요 세상에서 소망이 없고 하나님도 없는 자이더니"(12절). 이것이 바로 당신의 과거 모습이다.

그러나 이제 하나님이 행하신 일을 들어보라.

"긍휼이 풍성하신 하나님이 우리를 사랑하신 그 큰 사랑을

인하여 허물로 죽은 우리를 그리스도와 함께 살리셨고 (너희는 은혜로 구원을 받은 것이라) 또 함께 일으키사 그리스도 예수 안에서 함께 하늘에 앉히시니 이는 그리스도 예수 안에서 우리에게 자비하심으로써 그 은혜의 지극히 풍성함을 오는 여러 세대에 나타내려 하심이라"(엡 2:4~7).

이것이 바로 위대하신 하나님의 선함, 사랑, 은혜, 자비의 본질이다. 당신이 그리스도인이라면, 바로 그 사실 때문에 당신의 몸을 하나님께 산 제물로 온전하게 드리고, 할 수 있는 한 가장 높은 수준의 순종과 섬김을 드리지 않겠는가? 당신이 그리스도인이 아니라면, 어떻게 그 일을 할 수 있겠는가? 당신이 전심으로 응답하지 않고는, 하나님이 그리스도 안에서 자비하심을 베풀기 위해 행하신 일을 이해할 수도 없고 그 가치를 정확히 인정할 수도 없다.

너무 놀랍고, 너무 거룩한 사랑이
내 영혼, 내 생명, 내 전부를 요구하신다.

각주 � ✻✻

1. Dale Carnegie, *How to Win Friends and Influence People* (New York: Simon and Schuster, 1963), pp. 173-176.

2. J. I. Packer, *Rediscovering Holiness* (Ann Arbor, Mich.: Servant Publications, 1992), p. 75. 《거룩의 재발견》, 도서출판 토기장이.

3. John Calvin, *The Epistles of Paul the Apostle to the Romans and to the Thessalonians, trans. Ross Mackenzie* (Grand Rapids: Wm. B. Eerdmans, 1973), p. 263.

4. Arthur W. Pink, *The Attributes of God* (Grand Rapids: Baker Book House, n. d.), pp. 83, 84. 《네 하나님을 알라》, 규장.

Chapter 05

합당한 예배

이는 너희가 드릴 영적 예배니라

… 하나님을 섬기기 위해 의식적으로, 지적으로, 거룩하
게 헌신하는 데 우리 몸을 사용하지 않는다면, 그것은
성경적인 의미에서 '영적'이 아니다.

_존 머레이

이제 로마서 12장 1절의 마지막 구절인 "이는 너희가 드릴 영적 예배니라", KJV 성경으로는 "너희의 합당한 예배니라(your reasonable service)"라는 구절에 이르렀다. 어떤 사람들은 불편해 할 수 있는 내용으로 이번 장을 시작하려고 한다. 헬라어 단어는 여러 가지 의미로 해석이 가능하다. 즉, 한 가지 이상의 번역을 인정한다.

나는 예전에 캘리포니아에서 '제한된 속죄(Limited Atonement)'에 대해 강의한 적이 있다. 이 교리를 정의하고 지지한 후에, 그와 반대되는 의미를 가진 듯한 구절을 설명하기 시작했다. 그중 하나가 베드로후서 3장 9절이다. "주의 약속은 어떤 이들이 더디다고 생각하는 것 같이 더딘 것이 아니라 오직 주께서는 너희를 대하여 오래 참으사 아무도 멸망하지 아니하고 다 회개하기에 이르기를 원하시느니라." 베드로는 이 단락에서 모든 사람을 말한 것이 아니라 선택받은 사람들을 말한 것이며, 그의 요점은 하나님이 아직 최종적인 심판을 내리지는 않으셨고 선택받은 사람들이 온전히 다 거듭나서 예수 그리스도를 믿고 그를 위해 살게 되기까지 지체하시는 것이라고 나는 이 구절을 설명했다.

컨퍼런스에 참석했던 한 여성이 내 강의를 듣고, 이 구절에 대한 해석 때문에 혼란스러워했다. 이 문제로 다른 강사에게 질문하기도 했다. 하지만 그 강사가 나와 다르게 설명했기 때문에 그녀는 더 혼란스러워졌다. 그 강사는 제한된 속죄에 대한 내 가르침에 동의하고 있었지만, 'will(의도하다, 의지)'이라는 단어가 갖는 여러 의미로 베드로후서 3장 9절을 설명할 필요가 있다고 생각했다. 한 가지 방법은, 하나님이 의도하시기(wills) 때문에 그 일이 정확하게 일어난다고 말하는, 하나님의 '유효한 의지(efficacious will)'를 언급하는 것이다. 또 다른 방법은 자연적이기는 하지만 반드시 유효한 것은 아닌 하나님의 성향을 언급하는 것이다. 하나님이 사람들에게 벌주시는 것을 좋아하지 않으신다는 사실을 말하려고 베드로가 이런 식으로 말했다고 그 강사는 생각했다.

나중에 이 여성은 이 문제로 나와 이야기하다가, 그렇게 중요한 구절에 대해 두 명의 성경학자가 전혀 다르게 해석할 수 있다는 사실에 매우 혼란스러워하고 화를 내면서 나가버렸다.

무슨 뜻인가?

유감스럽게도, 로마서 12장 1절의 '영적 예배'를 이해하는데는 두 가지 방법이 있다. '예배'로 번역되는 헬라어 단어 '라트레이아(latreia)'는 '섬김(service)'이나 '예배(worship)'를 의미할 수 있는데, 하나님을 예배하는 것은 섬기는 것으로도 이해할 수 있기 때문에 이는 그리 곤혹스러운 일이 아니다. '라트레이아(latreia)'의 복수형은 '의식(rites)' 혹은 '의무(duties)'를 의미할 수 있다. 그러나 이 단어들과 중요하게 연결되는 형용사가 '로기코스(logikos)'인데 이는 '영적인(spiritual)' 혹은 '합당한(rational)'이라는 뜻을 가질 수 있고, 그래서 앞에서 말한 것처럼, 이 단어가 명사와 함께 쓰이면 전혀 다른 두 가지 의미가 될 수 있다.

예전에는 KJV의 잘 알려진 번역, 즉 "너희의 합당한 예배(your reasonable service)"라고 했고, 최근에는 NIV 성경에 기록된 것으로 "너희가 드릴 영적 예배(your spiritual act of worship)"로 이해한다.

어떤 뜻이 맞을까? '합당한 예배'인가, 아니면 '영적 예배'인가? 한 가지 대답은 헬라어 단어가 실제로 두 가지 의미를 동시에 가질 수 있다는 것이다. 즉, '합당한 예배로도 생각되는 영적 예배'라는 것이다. 그러나 내가 굳이 선택을 해야 한다면, 존 머레이(John Murray)의 의견에 찬성한다. 존 머레이는 "'합당한, 혹은 합리적'이 더 문자 그대로 해석한 것"[1]이라고 말한다. 'Logikos'는 영어 단어 'logical(논리적인)'의 어원으로, 이는 '합당한, 혹은 이유에 의해서'라는 뜻이고, 마음을 새롭게 하라고 말하는 다음 구절에서 다른 이유가 제시되지 않는다면, 이 뜻이 우선되어야 한다.

바울은 '합당한' 무엇인가를 말함으로써, 우리에게 권면하는 산 제물이 논리적인 것이라고 말한다.

더욱이, 섬김 그 자체는 합당하게, 또는 이성적으로 행해져야 한다. 다시 살펴보겠지만, 이것을 머레이는 이런 식으로 확대한다. "여기서 생각하는 예배는 하나님을 높이는 예배이고, 사도는 그 예배의 특징을 '이성적인, 합당한' 것이라고 말한다. 예배가 우리의 마음, 우리의 이성, 우리의 지적 능력을 요구한다는 사실에서 하나님이 받으실 만한 예배의 특징이 무엇인지를 끌어내기 때문이다. 기계적이거나 자동적인 것과 대조된다는 점에서 예배는 이성적이다. … '이성적인, 합당한(rational)'이라는 용어에서 얻을 수 있는 교훈은, 하나님을 섬기기 위해 의식적으로, 지적으로, 거룩하게 헌신하는 데 우리 몸을 사용하지 않는다면, 그것은 성경적인 의미에서 '영적'이 아니라는 것이다."[2]

이 단락을 잘 이해하기 위해서 두 가지 문제를 이해해야 한다. 첫째, 어떤 예배를 요구하시는지를 이해해야 한다. 둘째, 왜 합당한(이성적인) 예배를 요구하시는지를 알아야 한다.

하나님께 우리 자신을 드리는 것

이중 첫 번째 문제인 어떤 예배를 드려야 하는지에 대해서는 이미 충분히 살펴보았다. 이 문제는 바울이 '제물'이라고 말한 것과 관련되는데, '제물'이라는 말 자체에 여러 의미가 있음을 살펴보았다. 첫째로, 반드시 '살아 있는' 제물이어야 한다. 우리 삶이 능동적이고 지속적인 예배로 하나님께 드려져야 한다는 의미다. 둘째로, 우리의 '몸'을 드린다는 뜻이다. 다시 말해서, 하나님이 우리의 마음, 눈, 귀, 혀, 손, 발, 그리고 몸의 다른 부분들을 사용하시도록 드려야 한다. 셋째로, 우리는 '거룩' 해야 한다. 이렇게 한다면, 우리가 하나님께 드리는 제물은 하나님을 '기쁘시게' 할 것이다.

물론, 문제는 하나님께 우리 자신을 드리고 싶어 하지 않는다는 사실이다. 소유물의 일부는 하나님께 드릴 수 있다. 넉넉지 않은 상황에서도 하나님께 돈을 드리는 것은 상대적으로 쉬운 일이다. 어느 정도는 시간도 드릴 것이다. 봉사 활동에 자원하기도 하고 교회 위원회에서 사역도 할 것이다. 그러나 참되게 우리 자신을 하나님께 드리는 일은 하지 않을 것이다. 그러나 '우리 자신' 을 드리지 않는다면, 이런 다른 '선물' 은 전능하신 하나님께 아무런 의미가 없다.

당신 자신이 빠진 당신의 돈이나 시간은 하나님이 원하시지 않는다는 것을 깨달을 때, 그제야 비로소 그리스도인의 삶을 이해하게 될 것이다. 당신은 예수님이 위하여 죽으신 바로 그 사람이다. 당신은 예수님이 사랑하시는 바로 그 사람이다. 그래서 성경이 합당한 예배라고 말할 때는, 지금 말한 것처럼, 하나님이 원하시는 것은 바로 '당신' 이라는 의미다. 가장 큰 선물인 당신 자신을 물건과 시간으로 대신하려고 한다면, 그것은 참으로 애석한 일이다.

구약에, 어떻게 자기 자신을 물건으로 대신하는지에 대한 놀라운 예화가 있다. 창세기 32장은 야곱이 고향으로 돌아오는 이야기다. 야곱은 20년 전에 형 에서를 속여서 아버지 이삭의 축복을 가로챘다. 형이 그를 죽이려고 위협했기 때문에 야곱은 도망쳐야 했다. 20년은 긴 시간이다. 20년 동안 야곱은 형이 위협했던 일을 잊고 있었다. 그러나 집으로 돌아갈 때가 되자, 창세기 32장에서 기술하는 것처럼, 야곱은 과거를 기억했고, 앞으로 일어날 일이 두려워졌다.

가나안으로 이동하면서, 라반이 뒤에 있고 고향을 앞에 둔 상황에서, 야곱은 생각하기 시작했다. 자신의 옳지 않았던 행실을 기억했다. 에서의 살기어린 위협이 다시 떠올랐다. 한 걸음 한 걸음 옮기기가 점점 어려워졌다. 마침내, 형의 영역과 경계선이 되는 얍복 강에 도착했을 때, 야곱은 에서가 살고 있는 곳을 바라보며 겁을 먹었다. 되돌아갈 수만 있다면, 아마도 그랬을 것이다. 그러나 앞으로 나아가는 것 말고는 다른 방법이 없었다.

야곱은 어떻게 해야 할 것인가?

야곱이 첫 번째로 한 일은 종들을 미리 보내어, 에서가 있는지, 그리고 에서가 무슨 일을 계획하고 있는지를 알아보게 한 것이다. 그들은 얼마 안 가 에서를 만났는데 에서는 야곱을 만나러 오고 있었다. 불행하게도 에서는 400명의 군사를 거느리고 있었다. 이는 야곱이 보기에 큰 군대였고, 야곱은 최악의 상황, 즉 에서가 자신을 죽이기 위해 오고 있다고 생각할 수밖에 없었다. 그는 빨리 머리를 써서 가족과 종들과 가축을 두 떼로 나누었다. 에서가 한 무리를 치더라도 다른 한 무리는 피할 수 있을 것이라고 생각했다.

그러나 에서가 야곱이 속한 무리를 공격한다면 어떻게 할 것인가?

다시 생각해보니, 그건 별로 좋은 계획이 아니었다. 그래서 야곱은 뒤로 물러서서 다른 계획을 세웠다. 야곱은 에서를 선물로 회유하기로 마음먹었다. 우선, 암염소 이백 마리를 선물로 보냈다. 이 염소 무리를 끌고 가는 종에게 이렇게 지시한다. "내 형 에서가 너를 만나 묻기를 네가 누구의 사람이며 어디로 가느냐 네 앞의 것은 누구의 것이냐 하거든 대답하기를 주의 종 야곱의 것이요 자기 주 에서에게로 보내는 예물이오며 야곱도 우리 뒤에 있나이다 하라"(창 32:17~18).

그리고 야곱은 숫염소 이십 마리를 보내면서, 이 염소 떼를 맡은 종에게도 똑같은 말을 하게 했다. "주의 종 야곱의 것이요 자기 주 에서에게로 보내는 예물이오며 야곱도 우리 뒤에 있나이다."

그러나 에서가 이 염소 떼로 만족하지 않는다면 어떻게 할 것인가? 야곱은 암양 이백 마리, 숫양 이십 마리를 더 보내기로 했다. 야곱이 보낸 가축은 다음과 같았다. "젖 나는 낙타 삼십과 그 새끼요 암소가 사십이요 황소가 열이요 암나귀가 이십이요 그 새끼 나귀가 열이라"(15절). 야곱의 종들이 각각의 무리를 이끌었고, 야곱은 종들에게 같은 메시지를 전하게 했다. 이는 매우 놀라운 장면이었을 것이다. 야곱의 모든 소유가 길게 줄을 지어 에서를 향해 광야를 건너가고 있었다.

그러나 아직도 남아 있다. 야곱은 가축을 보낸 후에, 자신이 별로 사랑하지 않는 아내 레아와 그의 자녀들이 먼저 얍복 강을 건너게 했다. 그리고 그 뒤를 사랑하는 아내 라헬과 그의 자녀들이 따르게 했다. 그런 다음에 야곱은 모든 소유를 다 건너가게 했다. 마침내, 마지막으로 완전히 혼자가 된 야곱은 두려움에 떨고 있었다.

야곱이 찬송가를 알았다면 "내게 있는 모든 것을 드리네"라고 노래하지 않았을까, 라는 생각이 든다. 모든 염소, 모든 양, 모든 낙타, 모든 암소, 모든 황소, 모든 나귀. 그는 이 모든 것을 포기했지만, 여전히 자기 자신만은 포기하지 않았다. 우리도 하나님께 이렇게 하고 있다. 하나님께 시간을 드려서 교회 사역을 위해 봉사하겠다고 한다. 하나님께 돈을 드리기도 한다. 그러나 정작 우리 자신은 드리지 않는다.

그날 밤, 얍복 강에서 하나님은 천사의 모습으로 오셔서 야곱과 씨름하시고 그를 복종하게 하셨다. 책략이나 꾸미고 목이 곧던 야곱이 다시 태어났다. 최소한 전과 같지는 않았다. 언제 천사가 와서 당신과 씨름을 하게 될까? 천사가 당신에게 와야 하겠는가?

왜 합당한 예배인가?

그러나 천사를 기다리지는 말자. 이제 자신을 희생하는 예배에 대해 살펴보자. 왜 우리에게 요구하시는 예배가 '합당한' 것인지를 생각해보자. 하나님께 우리 자신을 드리는 예배가 왜 합당한가? 다섯 가지 이유가 있다.

1. 하나님이 이미 우리를 위해 행하신 일 때문에 이는 합당하다. 로마서 12장 1~2절의 첫 부분을 공부하면서 이 문제를 이미 다뤘다. 서신서의 이 마지막 주요 부분을 시작하는 단어인 '그러므로(therefore)'에 그 의미가 내포되어 있기 때문이다. '그러므로'는 바울이 앞에서 말한 모든 것, 즉 하나님의 진노 아래 있으며 멸망으로 향하고 있고 스스로를 도울 수 없는 죄인 된 우리에게 필요한 모든 내용을 뜻한다. 바울은 우리가 우리 자신을 구원할 생각도 없었다고 말했다. 우리는 유일한 희망이신 하나님께 나아가는 대신, 자연을 통해 계시하신 하나님에 대한 진리조차 무시하면서 하나님을 떠났다.

그러나 하나님은 그냥 내버려두지 않으셨다. 하나님은 개입하셔서, 우리를 위해 죽으신 예수 그리스도의 사역, 예수님이 이루신 일을 이해하고 죄를 회개하고 구원을 받도록 예수님을 믿게 하는 성령의 내적 사역을 통해 우리를 구원하기로 하셨다. 그런 다음 예수 그리스도와 연합하게 하셔서 과거의 우리가 아닌 새로운 백성이 되게 하셨다.

바울은 서신서 앞부분인 1~11장에서 이를 더 자세히 설명했다. 그래서 12장에 이르러, "하나님이 하신 일을 보라. 당신을 위해 자신을 온전히 희생 제물로 주신 하나님께 당신 자신을 온전히 희생 제물로 드리는 것이 합당하지 않은가?"라고 말한다.

깊이, 그리고 정직하게 생각해보자. 당신은 예수 그리스도를 믿는가? 예수님이 당신을 구원하셨음을 믿는가? 성령께서 당신을 예수 그리스도 안에서 다시 살게 하셨는가? 그렇다면, 당신 자신을 하나님께 드리는 것보다 더 합당한 일이 있을까? 온 마음을 다해 하나님을 섬기는 것보다 더 논리적인 일이 있을까?

2. 하나님이 계속 일하시기 때문에 이는 합당하다. 그리스도인의 구원은 과거의 사건만이 아니라 현재의 경험이기도 하다. 하나님이 예수 그리스도를 믿는 사람들 안에서 계속 일하고 계시기 때문이다. 우리 삶이 변화되고, 파괴적인 습관을 버리고, 새로운 사고방식을 갖고, 그래서 하나님을 기쁘시게 하기란 어

려운 일이다. 그러나 하나님이 우리 안에서 바로 그 일을 하고 계신다. 이 본문은 바로 그에 대한 말씀이다. 하나님은 일을 시작하시고 포기하시는 법이 없다. 무슨 일인가를 시작하시면, 언제나 그 일을 완성하신다. 당신에게도 그렇게 행하신다. 그러므로 하나님의 목적에 반대하는 것은 어리석고 부질없는 일이다. 단 한 가지 합당한 일은, 하나님과 연합하여 하나님이 인도하시는 대로 따라가는 것뿐이다.

3. 그런 예배가 우리를 향한 하나님의 뜻이고, 하나님의 뜻은 선하시고 기뻐하시고 온전하시기 때문에 이는 합당하다. 이 점은 로마서 12장 2절에서 알 수 있는 내용인데, 1절을 자세히 살펴본 것처럼, 다음에 이 구절을 자세히 공부할 것이다. 2절은 "너희는 이 세대를 본받지 말고 오직 마음을 새롭게 함으로 변화를 받아 하나님의 선하시고 기뻐하시고 온전하신 뜻이 무엇인지 분별하도록 하라"고 말씀한다.

그리스도인들은 자기 삶에 대한 하나님의 구체적인 뜻이 무엇인지를 알아야 한다는 생각에 너무 매달리는 경우가 자주 있다. 내 판단으로는, 우리의 삶에 대한 하나님이 정하신 구체적인 계획이 분명히 있는데, 하나님은 모든 것을 미리 결정해두신 분이기 때문이다. 어려운 점은 하나님이 그 구체적인 내용을 드러내신 적이 없다는 것(대개 드러내지 않으신다)이다. 그 계획은 하나님의 숨겨진 지혜와 모략의 한 부분이고, **숨겨진 것**이기 때문에 우리는 알 수 없다. 하나님의 뜻을 자세히는 알 수 없지만, 일반적이지만 정말 중요한 뜻, 그리고 일반적인 뜻 중에서도 가장 중요한 뜻은 우리가 예수 그리스도를 닮기 원하신다는 것이다.

로마서 8장 28~29절은 이렇게 말씀한다. "우리가 알거니와 하나님을 사랑하는 자 곧 그의 뜻대로 부르심을 입은 자들에게는 모든 것이 합력하여 선을 이루느니라 하나님이 미리 아신 자들을 또한 그 아들의 형상을 본받게 하기 위하여 미리 정하셨으니 이는 그로 많은 형제 중에서 맏아들이 되게 하려 하심이니라." 이것은 로마서 12장 2절이 다루는 내용이기도 하다.

때로 하나님의 뜻은 유쾌하지 않고, 어렵고, 비이성적이라고 생각될 때가 있다. 바울은 하나님의 뜻의 본질이 어떠한가를 설명하는 데 세 가지 형용사를 사용함으로써 그런 오해를 바로잡는다.

바울은 하나님의 뜻이 "선하다"라고 말한다. 하나님은 절제된 표현을 잘 사용하신다. 그래서 만약 하나님이 그분의 뜻이 선하다고 말씀하신다면, 그것은 정말로 '가장 선하다'라는 뜻이다. 우리를 향한 하나님의 뜻은 가능한 한 가장 선하다는 의미다.

또 바울은 하나님의 뜻은 "기쁘다"라고 말한다. 이는 우리가 그 뜻을 인정할 수 있다는 말인데, 하나님의 뜻이니 하나님이 인정한다는 것은 말할 필요도 없다. 그러므로 하나님의 뜻이 기쁘지 않다거나 인정할 수 없다고, 혹은 어렵다거나 비이성적이라고 말하지 말라. 이런 식으로 생각한다면, 그 뜻에 복종하는 법을 아직 배우지 못했기 때문일 것이다. 하나님의 뜻에 복종하는 사람은, 자신의 전 자아를 하나님께 제물로 드리면서, 무엇보다도 하나님의 뜻을 가장 기쁘게 받아들일 수 있음을 깨닫는다.

마지막으로, 바울은 하나님의 뜻이 "온전(완전)하다"라고 주장한다. 하나님의 뜻보다 더 온전한 것은 아무것도 없다. 인간의 방법은 결점이 많다. 인간의 방법은 언제나 개선될 여지가 있고, 때로는 수정되어야 한다. 하나님의 방법은 완전하다. 더 이상 좋아질 수가 없다. 그렇다면 주저함 없이 온 마음을 다해 하나님을 섬기는 것이 이 세상에서 가장 합당한 일이 아니겠는가?

4. 하나님은 우리의 최선의 노력을 받으실 만한 분이기 때문에 이는 합당하다. 요한계시록 4장 11절은 장로들이 하나님의 보좌 앞에서 찬양하는 내용이다.

> 우리 주 하나님이여
>
> 영광과 존귀와 권능을 받으시는 것이 합당하오니
>
> 주께서 만물을 지으신지라
>
> 만물이 주의 뜻대로 있었고
>
> 또 지으심을 받았나이다 하더라

요한계시록 5장 9~10, 12절도 예수님을 찬양한다.

> 두루마리를 가지시고 그 인봉을 떼기에 합당하시도다
>
> 일찍이 죽임을 당하사 각 족속과 방언과 백성과 나라 가운데에서

사람들을 피로 사서 하나님께 드리시고

그들로 우리 하나님 앞에서 나라와 제사장들을 삼으셨으니

그들이 땅에서 왕 노릇 하리로다 하더라(9~10절)

죽임을 당하신 어린 양은

능력과 부와 지혜와 힘과 존귀와 영광과 찬송을

받으시기에 합당하도다(12절)

장로들, 네 생물, 천사들, 그리고 구원받은 전체 무리가 증언하는 내용이다. 하나님은 우리가 드려야 하는 최선과 함께, 그 모든 영광을 받으실 만한 분이다.

당신은 이것을 믿는가?

이것이 바로 우리의 문제점이다. 우리가 진심으로 이 내용을 믿는다면, 지금 예수님을 위해 사는 것이 합당하다고 판단할 것이며, 그렇게 행할 것이다. 하지만, 많은 경우에 "예수님은 모든 영광을 받으시기에 합당한 분입니다"라고 **말만 할뿐**, 밖에 나가서는 예수님을 위해 살지 않는다. 우리의 행동은 우리의 신앙고백을 부정한다.

반면에, 하나님께 당신의 모든 존재를 드리면서 그리스도를 위해 살고 있다면, 하나님이 진실로 위대하신 분이고, 당신이든 누구든 간에 인간이 드릴 수 있는 최상을 받기에 합당하신 분임을 증명하는 것이다.

5. 영적인 것만이 영원하기 때문에 이는 합당하다. 마지막 요점은, 결국에는 영적인 것만이 영원하기 때문에, 하나님을 위해 우리가 가진 모든 것을 드리는 것이 합당하다는 것이다. 다른 모든 것, 우리가 보고 만지고 다루는 모든 것, 그리고 때로 이곳에서 탐내고 있는 모든 것은 곧 사라질 것이다. 예수님은 "천지는 없어질" 것이라고 말씀하셨다(마 24:35). 이 말씀이 전체 우주에 적용된다면, 우리가 삶의 대부분을 쏟고 있는 모든 일들, 소멸될 수 있는 사소한 일들에도 분명히 적용된다.

한편, "이 세상도, 그 정욕도 지나가되 오직 하나님의 뜻을 행하는 자는 영원히 거하느니라"(요일 2:17)는 말씀이 있다. 그리고 그런 사람이 행하는 일도 영원하다! 성경은 "지금 이후로 주 안에서 죽는 자들은 복이 있도다 하시매 성령이 이르시되 그러하다 그들이 수고를 그치고 쉬리니 이는 그들의 행한 일이

따름이라"(계 14:13)고 말씀하신다. 이런 식으로 생각하는 법을 배우는 것이 영적으로 생각하는 한 가지 방법이다. 기독교적 사고방식을 갖게 되는 출발점이다.

두 가지 예화를 들면서 5장을 마치려고 한다. 28세에 순교한 에콰도르 선교사, 짐 엘리엇(Jim Elliot)은 "영원한 것을 얻고자 영원할 수 없는 것을 버리는 자는 바보가 아니다"라는 말을 남겼다. 엘리엇은 가장 합당한 섬김이라고 판단되는 사역을 위해 하나님께 자신의 삶을 드렸고, 영원한 영적인 유산을 얻었다.

두 번째 예는 윌리엄 보든(William Borden)이라는 선교사다. 그는 부유한 특권층 가정에서 태어나서, 예일 대학교를 졸업했다. 그에게는 멋지고 돈을 많이 벌 수 있는 직업이 약속되어 있었다. 그러나 중국 선교사로 하나님을 섬겨야 한다는 부르심을 받았고, 가족과 친구들은 그가 중국으로 가는 것이 어리석은 일이라고 만류했지만, 그는 사역지로 떠났다. 보든은 중국에 도착하기도 전에, 치명적인 병으로 죽고 말았다. 그는 예수님을 따르기 위해 모든 것을 포기했다. 이 세상에서는 아무것도 소유하지 못한 채 죽었다. 그러나 '예일의 보든'은 후회하지 않았다. 그가 이집트에서 죽어가며 남긴 메모를 보면 그 사실을 알 수 있다. "하나도 남김없이, 뒤로 물러섬 없이, 조금의 후회도 없이(No reserve, no retreat, and no regrets)." 다른 많은 사람처럼, 그도 그리스도를 섬기는 것이 가장 합당한 일임을 깨달았고, 영원한 보상을 받았다.

각주 �֍֍֍

1. John Murray, *The Epistle th the Romans*, 2 vols. in 1 (Grand Rapids: Wm. B. Eerdmans, 1968), vol. 2, p. 112.

2. Ibid. 레온 모리스(Leon Morris)는 말한다. "오늘날 대부분의 주석가들은 '영적인(spiritual)' 이라는 형용사로 이해하는데, 그것이 더 합당하고 분명하게 이해된다. 그러나 '이성(reason)' 과의 연관성이 전혀 없다고는 생각하기 어렵고, '지적인 예배' (Phillips) 또는 J. B. 필립스가 '생각하는 존재에 맞는' 이라고 할 만한 무엇인가가 있다"(Leon Morris, *The Epistle to the Romans* [Grand Rapids: Wm. B. Eerdmans, and Leicester, England: Inter-Varsity Press, 1988], p. 434). 뉴아메리칸 스탠다드 바이블(New American Standard Bible)은 "영적인 예배(spiritual service)"이라고 번역하지만, 뉴잉글리시 바이블(New English Bible)은 "정신과 마음으로 드리는 예배(worship offered by the mind and the heart)"라는 조금 더 긴 구문으로 원래 의미에 가장 가깝게 다가간 것 같다.

Chapter 06

이 *세대*의 방식

너희는 이 세대를 본받지 말고

세속주의는 모든 삶, 모든 인간적인 가치, 모든 인간의
행동을 현 시대라는 관점에서 이해한다. … 중요한 것은
지금, 오직 지금뿐이다. 그 위로, 그 너머로 접근할 수
있는 방법은 모두 차단되었다. 현 세상에 갇혀서 나갈
수 있는 길은 없다.

_R. C. 스프롤

여러 가지 번역본으로 읽으면 그 의미가 더 풍성해지는 성경 구절들이 있다. 로마서 12장 2절도 그중 하나다. NIV는 로마서 12장 2절의 첫 부분을 "이 세상의 방식을 더 이상 따르지 말라(Do not conform any longer to the pattern of this world)"고 말한다.

이 구절에서 핵심 단어 두 가지는 '세상(world)'과 '따르지 말라(do not conform)'이다. '세상(world)'은 사실 '세대(age)'를 말하고, 이는 '아이온(aiôn)'으로 '다가올 세대'와 대조되는 '현재의 세대'를 의미한다. 그리고 '따르지 말라(do not conform)'의 구문에는 '계획, 책략, 방식(scheme)'의 뜻을 가진 어원과 결합된 단어('conform(따르다)'를 말함 _옮긴이)가 있다. 그래서 이 구절은 "지금 네가 살고 있는 세대의 생각하고 행동하는 방식을 네게 강요하지 못하게 하라"는 뜻이다. 다른 몇몇 번역본이 드러내고자 하는 의미도 똑같다. 뉴아메리칸 가톨릭 바이블은 "이 세대를 따르지 말라"고 한다. 예루살렘 바이블은 "네 주위 세상의 행동을 본보기로 삼지 말라"고 한다. 리빙 바이블은 "이 세상의 행동과 관습을 따라 하지 말라"고 한다. J. B. 필립스가 의역한 구절이 가장 유명한데, "세상이 너를 그 세상의 틀에 밀어 넣지 않게 하라"고 번역했다.

각각의 번역이 갖는 의미는 세상은 생각하고 행동하는 데 특정한 양식을 가지고 있으며, 그리스도인들에게 그 방식을 따르도록 압력을 가한다는 것이다. 그러나 그리스도인은 그 방식을 따르지 말고 내면으로부터 변화되어 그리스도를 점점 더 닮아가야 한다고 바울은 말한다.

"세속성(Worldliness)"

2절의 첫 문장은 '세속성'에 대한 경고다. 그러나 '세속적인(worldly)' 혹은 '세속성'이라고 말할 때는, 잠시 멈추고 그 용어가 실제로 무슨 뜻인지를 분명히 해야 한다. 나는 상당히 근본주의적인 교회에서 성장했는데, 세속적인 것이란 흡연, 음주, 춤추는 것, 카드놀이 등과 같이 세상적인 것을 추구하는 것이라고 배웠다. 어떤 그리스도인 소녀는 이렇게 말하곤 했다.

나는 담배를 피우지도 않고 씹지도 않아요.
그런 남자 아이들과 어울리지도 않아요.

그러나 이것은 로마서 12장 2절이 뜻하는 바가 아니다. 그런 뜻으로만 '세속적인 것'을 생각한다면, 훨씬 더 심각하고 미묘한 문제를 하찮은 것으로 만들어 버리고 만다.

여기에서 고려해야 할 문제에 대한 단서는, 다음 구절에서 이 세상을 "본받지 말고" "오직 **마음을 새롭게 함으로** 변화를 받아"라고 바울이 주장한 것이다. 이 구절을 통해, 생각이 올바르기만 하면 올바른 행동은 자연스럽게 따라오는 것이기 때문에, 바울은 행동하는 것보다는 생각하는 방식에 더 관심을 가졌음을 알 수 있다. 다시 말해서, 우리가 벗어나고 거부해야 하는 세속적인 것은 이 세상의 '세계관'이다. 독일어로 세계관을 'Weltanschauung(벨탠샤웡)'이라고 하는데, 이는 모든 사물을 바라보는 구조적인 시각을 말한다. 우리는 세상의 범주에 속하는 사고방식을 깨고, 우리 마음이 하나님의 말씀으로 빚어지도록 해야 한다.

이 시대의 그리스도인들은 그렇게 하고 있지 않으며, 그것이 바로 다른 의미에서의 '세속적인' 사람이 되는 이유이기도 하다. 사실, 대부분의 그리스도인들이 그들을 둘러싼 세상과 거의 똑같은 범주, 가치관, 행동 유형을 가지고 있다는 것이 연구에 의해 확인된 결과이며, 이는 우리 시대에 대한 슬픈 평가이기도 하다.

세속주의 : "우주란 현재 있는 것, 그것이 전부다"

담배를 피우거나, 술을 마시거나, 춤을 추거나, 카드놀이를 하는 것이 세속적인 것이 아니라면, 어떤 것이 세속적일까? 생각하는 방식에 대해서라면, 세속적인 '세계관'을 말하는 것인가? 이는 다양한 방법으로 생각해 볼 필요가 있다. 세상이 생각하는 방식을 완벽하게 묘사할 수 있는 한 가지 단어는 없기 때문이다. 그래도 세상이 생각하는 방식을 가장 정확하게 묘사하는 한 단어가 있다면, 바로 '세속주의(secularism)'다. 세속주의는 수많은 다른 '주의들(isms)', 예를 들면 인본주의, 상대주의, 실용주의, 다원주의, 쾌락주의, 물질주의 등을 포함하는 포괄적 용어다. 그러나 다른 어떤 용어보다도, 세속주의라는 용어는 이 시대 사람들의 정신 체계와 가치 구조를 가장 정확하게 설명한다.

'세속적인(secular)'이라는 단어는 바울이 "이 세대의 방식"

이라고 말한 것과 가장 가까운 단어이기도 하다. 이 단어는 라틴어 '새큘럼(saeculum)'에서 기원한 것인데, 이는 '세대(age)'를 뜻하는 말이다. 2절에 사용된 이 단어는 헬라어와 정확히 일치한다. 우리 성경 번역본은 '세상(world)'이라는 단어를 쓰고 있지만, 헬라어로는 "이 세대(age)를 본받지 말라"이다. 다시 말해서 "'세속적인' 세계관을 갖지 말라"는 뜻이다.

물론, 세상과 올바르게 관련을 맺는 방법도 있다. 즉 그리스도인은 세상 속에서 살기 때문에 세상 일에 올바른 태도로 관심을 가져야 한다. 우리는 세상에 대해 합당한 관심을 갖는다. 그러나 세속주의('주의'라는 말에 주목하라)는 그 이상이다. 세속주의는 이 세상 너머를 보지 않고 마치 이 세대가 전부인 것처럼 생각하는 철학이다.

내가 알기로 세속주의를 가장 잘 설명한 것은 칼 세이건(Carl Sagan)이 〈우주 Cosmos〉라는 텔레비전 시리즈에서 한 말이다. 세이건은 소용돌이치는 수많은 은하수와 별이 빛나는 밤하늘의 장관 앞에 서서 조용하고 경외심이 가득한 목소리로 말한다. "우주란 현재 있거나, 과거에 있었거나, 앞으로 있을 것, 그것이 전부다." 이것이 바로 '당신의 눈 앞에 있는' 세속주의다. 세속주의는 물질적인 우주의 한계, 즉 우리가 볼 수 있고 만질 수 있고 무게를 달 수 있고 측정할 수 있는 물질에 의해 전적으로 제한을 받는다. 우리 존재와 연결 지어 생각한다면, 세속주의는 지구상의 유한한 인생 안에서 작용하는 것만 생각한다. 시간과 연결 지어 생각한다면, 영원을 무시하고 오직 '현재'만을 생각한다.

이런 의도는 "일단 한 번 둘러보세요"와 펩시의 "신세대(Now Generation)"라는 유명한 광고 슬로건에도 나타난다. 이런 슬로건이 우리 문화를 주도하고 있으며, 점점 더 해로워지고 있는 이 세상의 관점을 나타낸다. 중요한 것이 '지금' 뿐이라면, 우리는 왜 국가 부채에 대해 염려해야 하는가? 그것은 우리 문제가 아니다. 우리 후손들이 걱정해야 할 문제다. 또 왜 지금 이 순간을 즐기지 않고, 나중에 의미 있는 일을 하기 위해 열심히 공부하고 준비해야 하는가? 가장 심각한 문제는, 저 너머에 아무것도 없고 '지금'만이 중요하다면, 왜 하나님이나 의로움이나 죄나 심판이나 구원에 대해 염려해야 하는가 하는 것이다.

R. C. 스프롤은 "세속주의는 모든 삶, 모든 인간적인 가치,

모든 인간의 행동을 이 현 시대라는 관점에서 이해한다. … 중요한 것은 지금, 오직 지금뿐이다. 그 위로, 그 너머로 접근할 수 있는 방법은 모두 차단되었다. 이 현 세상에 갇혀서 나갈 수 있는 길은 없다. 우리에게는 이 세상밖에 없다. 우리는 '지금, 여기' 라는 이 시대의 밀폐된 공간 안에서 결정을 내려야 하고, 우리 삶을 살아야 하고, 계획을 세워야 한다."[1]

우리는 스프롤의 말을 빨리 이해해야 하는데, 이 세속주의야말로 우리 삶의 하루하루와 상상 가능한 모든 장소와 환경 속에서 우리를 포위하고 있는 관점이기 때문이다.

그러나 우리는 이 관점을 거부해야 한다. 이 세상이 전부인 것처럼 이 세속적인 사고방식에 동화되지 말고, 모든 것을 하나님 및 영원과 관련지어 생각해야 한다. 해리 블래마이어즈가 한 말 중에, 이를 잘 비교한 내용이 있다.

"세속적으로 생각하는 것은, 이 세상에서 살고 있는 우리 삶의 한계에 얽매인 준거 틀 안에서 생각하는 것이다. 즉 이 세상의 기준에 근거해서 계산해나가는 것이다. 기독교적으로 생각하는 것은, 간접적으로든 직접적으로든, 구원받고 선택받은 하나님의 자녀로서 인간의 영원한 운명과 관련짓는 마음으로 모

든 것을 받아들이는 것이다."²

인본주의 : "네가 하나님과 같아지리라"

세계관으로서의 세속주의는 잘못된 것이지만, 그리스도인
은 세상에 대해 올바른 관심을 가져야 한다. 이제 살펴볼 대중
적인 '주의(ism)', 즉 '인본주의(Humanism)'도 마찬가지다.

올바른 인본주의도 있는데, 이는 인간에 대한 올바른 관심
을 반영하는 관점이다. 그런 의미라면 '박애주의
(Humanitarianism)'가 더 올바른 단어다. 타인을 돌보는 사람
은 박애주의자다. 하지만 철학적 인본주의도 있는데, 이는 하
나님을 제외한 상태에서 인간을 바라보는 것, 특히 자기 자신
(우리 자신)을 바라보는 시각이다. 이 관점은 전혀 옳지 않다.
이는 잘못일 뿐만 아니라 매우 해롭기도 하다. 사람들을 성경
적으로 보지 않고 세속적인 시각으로 바라보기 때문에, 그냥
'인본주의'가 아니라 형용사를 붙여 '세속적 인본주의'라고
말한다.

내가 알기에 세속적 인본주의의 가장 좋은 예는 다니엘서에

있다. 하루는 바벨론의 느부갓네살 왕이 왕궁 지붕에서 번영하는 도시 위로 건설된 화려한 공중 정원을 보고 있었다. 그는 자신의 업적에 도취되어 말한다. "나 왕이 말하여 이르되 이 큰 바벨론은 내가 능력과 권세로 건설하여 나의 도성으로 삼고 이것으로 내 위엄의 영광을 나타낸 것이 아니냐 하였더니"(단 4:30). 이것이 세속적 인본주의로서, 그가 보는 것이 모두 '자신의' 것이고, '자신에 의한' 것이고, 자기 위엄의 영광을 '위한' 것이라고 말한다. 인본주의는 모든 것이 사람을 중심으로 움직이고 사람의 영광을 위해 존재한다고 말한다.

하나님은 그런 오만을 용납하지 않으신다. 그래서 하나님은 느부갓네살을 정신이상으로 심판하셨고, 이는 인본주의가 말도 안 되는 철학임을 보여준다. 느부갓네살은 오직 하나님만이 우주의 참된 통치자이며, 모든 것이 인간의 영광이 아닌 하나님의 영광을 위해 존재한다는 것을 인정할 때까지 사람들에게 쫓겨나서 짐승들과 함께 살면서 짐승처럼 행동했다.

그 기한이 차매 나 느부갓네살이 하늘을 우러러 보았더니 내 총명이

다시 내게로 돌아온지라 이에 내가 지극히 높으신 이에게 감사하며

영생하시는 이를 찬양하고 경배하였나니 그 권세는 영원한 권세요
그 나라는 대대에 이르리로다 땅의 모든 사람들을 없는 것 같이 여기
시며 하늘의 군대에게든지 땅의 사람에게든지 그는 자기 뜻대로 행
하시나니 그의 손을 금하든지 혹시 이르기를 네가 무엇을 하느냐고
할 자가 아무도 없도다(단 4:34~35)

인본주의는 하나님을 반대하고 기독교에 적대적이다. 인본
주의는 항상 그런 식이었고, 특히 현대 인본주의의 공식 선언
에서 그 특징을 분명히 드러낸다. 인본주의 선언(A Humanist
Manifesto, 1933), 인본주의 선언 II(Humanist Manifesto II,
1973), 세속주의자 인본주의자 선언(Secularist Humanist
Declaration, 1980)이 바로 그것이다. 이중 첫 번째인 1933년 선
언문은 "전통적인 유신론, 특히 사람을 사랑하고 돌보고 그들
의 기도를 듣고 이해하고 그들을 위해 무엇인가를 할 수 있는,
기도를 들으시는 하나님에 대한 믿음은 증명되지 않았으며 시
대에 뒤떨어진 믿음이다. 단순한 확신에 근거하는 구원 교리는
내세의 천국에 대한 거짓 소망으로 사람들의 관심을 돌려놓기
때문에 해로운 것이다. 이성적인 사람은 생존을 위한 다른 수

단을 찾고 있다"[3]라고 썼다.

인본주의 선언 II은 "우리는 초자연적인 존재에 대한 믿음을 증명할 만한 증거를 충분히 찾지 못했다"[4]라고 선언했으며, "육신의 죽음 이후에도 생명이 존재한다는 확실한 증거는 없다"[5]라고 말했다.

그렇다면 인본주의는 무엇을 지향하는가? 인본주의는 자아의 신격화를 초래하고, 표방하는 것과는 반대로 오히려 타인을 경시한다.

자아를 신격화하면서, 사실 인본주의는 하나님 외에 거의 모든 것을 신격화한다. 몇 년 전에 필드스테드 연구소(Fieldstead Institute)의 연구원 중 한 명인 허버트 슐로스버그(Hebert Schlossberg)는 《파멸을 위한 우상 *Idols for Destruction*》이라는 책을 썼다. 이 책에서 그는 인본주의가 역사, 돈, 자연, 권력, 종교, 인간 자체를 어떻게 신으로 만들었는지를 탁월하게 설명했다.[6]

사람을 경시하는 문제에 대해서라면, 1970년대의 베스트셀러를 보자. 《협박해서 이기기 *Winning Through Intimidation*》, 《1등을 추구하라 *Looking Out for Number One*》와 같은 책이 있다. 이런 책은, 세속적 인본주의와 똑같은 방식으로, "다른 사람에 대해서는 잊어라. 당신 자신만 생각하라. 중요한 것은 당신 자신이다"라고 말한다. 그 시대에 등장한 것이, 사회 평론가인 톰 울프(Tom Wolfe)가 말한 '자기 중심주의 시대(Me Decade)'다. 그리고 1970년대를 지나 1980년대는 '탐욕의 황금시대'라는 명칭에 딱 어울리는 시대였다.

공립학교 교육 저변에 깔려 있는 철학(어떤 사람은 종교라고도 말한다)이 이런 인본주의라는 것도 기억해야 한다. 사실 인본주의는 비이성적인 철학이기 때문에, 이는 모순적인 상황이다. 인본주의가 비이성적인 이유는, 초월적인 평가 기준도 없이 인본주의적이나 다른 가치관, 혹은 목적을 정하는 일이란 불가능하기 때문이다. 그런데 인본주의자는 바로 그 초월적인 기준을 거부한다. 무서운 일이지만, 인본주의의 비이성주의는 학생들이 총과 칼을 사용해서 학급 친구를 죽이고 교사를 위협하는 학교 내 혼란 상황으로 나타나고 있다.

1992년, ABC 방송에서 다이앤 소이어(Diane Sawyer)가 출연했던 〈프라임 타임 라이브 Prime Time Live〉라는 텔레비전 프로그램은, 이 나라에서 학생 다섯 명 중 한 명이 권총을 소지

하고 등교하고 있으며, 칼을 가진 학생은 총을 가진 학생의 열 배라는 사실을 보도했다. 도심 지역이나 교외나 상황은 똑같 다. 미국 중서부에 위치한 위치타, 캔자스 등지에서도 학생들 은 학교에 들어가기 전에 금속 탐지기를 통과해야 하고, 학교 안에서는 총과 다른 무기들이 발견된다. 많은 학교가 증가하는 폭력 사태를 막기 위해 탐지기와 안전장치를 설치하고 있다.

세속주의뿐만 아니라 인본주의에 대해서도, 그리스도인에 게 주시는 말씀은 "더 이상 본받지 말라"는 것이다. 그리고 인 본주의가 가장 처음 모습을 드러낸 것은 인본주의 선언 II나 기 원전 600년경 교만한 느부갓네살 왕의 말이 아니라, 에덴동산 에서 사탄이 하와에게 "하나님과 같이 되어 선악을 알게 될 것 이라"고 말한 것임을 기억하라(창 3:5).

상대주의 : "도덕적 난국"

이제 상대주의에 대해서도 간단히 생각해보고자 한다. 사람 이 모든 것의 중심이 되면, 삶의 어떤 영역에서든 절대적인 것 이란 없고 모든 것은 다 사람이 가질 수 있는 것이기 때문이다.

몇 년 전에, 시카고 대학교의 앨런 블룸(Allan Bloom) 교수는 《미국 정신의 종말 *The Closing of the American Mind*》이라는 책을 썼는데, 첫 번째 페이지에 "교수가 절대적으로 확신할 수 있는 것 한 가지가 있다. 대학에 들어오는 대부분의 학생들이 진리를 상대적이라고 믿고 있고, 아니면 그렇게 믿고 있다고 말할 것이라는 점이다"[7]라고 썼다.

이 책은 그런 상황에서는 교육이 불가능하다는 것을 입증하려고 했다. 물론 학교에서 기술을 배울 수는 있다. 트럭을 운전하거나, 컴퓨터를 다루거나, 금융 업무를 처리하거나, 그밖에 다른 일들은 배울 수 있다. 그러나 참된 교육, 즉 참되고 선하고 아름다운 것을 발견하기 위해 오류를 검토하는 방법을 배우기란 불가능하다. 참된 교육의 목적, 즉 진, 선, 미가 상대주의자들에게는 존재하지 않기 때문이다. 그리고 진, 선, 미가 형이상학적인 이상향에 존재한다 할지라도, 그것을 찾기란 불가능하다. 절대적인 것을 찾기 위해서는 절대적인 무엇인가가 필요하기 때문이다. 예를 들면, 논리의 법칙과 같은 절대적인 법칙이 있어야 한다.

세속주의와 인본주의는 말할 것도 없이, 상대주의와 같이 근본적으로 파괴적인 철학이 미국을 지배하는 것을 보면, 〈타임〉지가 말한 대로 미국이 '도덕적 난국'과 '가치관의 진공상태'[8]를 겪는 것은 전혀 이상한 일이 아니다.

물질주의 : "물질적인 여자"

마지막으로 그리스도인이 따라가서는 안 되는 '이 세상의 방식'의 대표적인 '주의'는 '물질주의(materialism)'다. 물질주의는 다시 세속주의를 떠올리게 하는데, 물질주의는 세속주의의 한 부분이자 부작용이기 때문이다. "우주란 현재 있거나, 과거에 있었거나, 앞으로 있을 것, 그것이 전부다"라는 말이 맞다면, 물질적인 것 또는 측정할 수 있는 것 외에는 아무것도 존재하지 않는 것이 당연하다. 그리고 인생에서 찾을 수 있는 가치라면 반드시 물질적인 용어로 말할 수 있어야 한다. 최대한 건강하라. 최대한 오래 살라. 최대한 부자가 되라.

이 시대의 영웅은 누구인가? 오늘날 젊은이들에게 누구를 존경하고 누구를 닮고 싶은지를 물어 보면, 부유하고 유명한 할리우드 스타들, 예를 들면 마이클 잭슨이나 마돈나 같은 사람들 외에는 정말로 우러러보는 사람이 없다. 그리고 마돈나로 말하자면, 가수나 연예인, 혹은 섹스 심벌로 언급되기보다는 '물질적인 여자(material girl, 마돈나의 노래 제목이기도 함 _옮긴이)' 로 더 자주 언급된다는 사실이 흥미롭다. 마돈나는 이 세상의 물질적인 것, 즉 옷, 돈, 명예, 그리고 무엇보다도 쾌락을 상징한다. 이것이 오늘날 젊은이들이 닮고 싶어 하는 모습이기도 하다! 그들은 부자가 되고, 유명해지고, 재물을 소유하고, 그것을 누리고 싶어 한다. 그들은 마돈나를 닮고 싶어 한다.

시인 T. S. 엘리엇은 물질주의적인 세대를 위한 묘비명을 썼다.

여기 하나님을 믿지 않는 멋진 사람들이 잠들다.
그들의 유일한 기념비는 아스팔트 길
그리고 천 개의 잃어버린 골프공.

주 예수 그리스도는 얼마나 다른 영웅인가! 예수님은 가난한 집에서 태어나셨고, 태어나실 때의 요람은 빌린 말구유였고, 집이나 은행 통장이나 예수님 자신의 가족도 없었다.

예수님은 "여우도 굴이 있고 공중의 새도 거처가 있으되 인자는 머리 둘 곳이 없다"(마 8:20)고 말씀하셨다.

빌라도 앞에서 재판받으실 때, 예수님은 "내 나라는 이 세상에 속한 것이 아니니라 만일 내 나라가 이 세상에 속한 것이었더라면 내 종들이 싸워 나로 유대인들에게 넘겨지지 않게 하였으리라 이제 내 나라는 여기에 속한 것이 아니니라"(요 18:36)라고도 말씀하셨다.

예수님은 돌아가신 후 빌린 무덤에 장사되었다.

우리가 살고 있는 이 세상을 넘어서는 가치관에 따라 움직이신 분이 있다면, 그분은 바로 예수 그리스도다. 예수님은 '물질적인 여자'와는 정반대가 되신다. 그러나 그와 동시에 주 예수님만큼 강력하고 영원한 영향력을 세상에 미친 사람도 없다. 우리는 이 세상의 악하고 파괴적인 '주의(ism)'의 틀에 강제로 맞춰지지 말고 예수님의 모습으로 '변화되어야' 한다.

예수님 외에는 아무도 없다

이제 이 책의 다음 장에서는 세상이 드러내는 또 다른 문제를 탐색하고 로마서 12장 2절에서 바울이 제시한 해결책을 살펴볼 것이다. 이 세대를 "본받지(conformed)" 말고 마음을 새롭게 함으로 **"변화를 받으라(transformed)"**는 구절을 미리 살펴보면서 6장을 끝맺고자 한다. 이 두 단어는 의도적으로 대조시킨 것이며, 당신도 그것을 알 수 있을 것이다. '본받는 것, 따라하는 것(conformity)'은 외적으로 일어나는 행동이다. 변화는 내적으로 일어난다. '변화된(transformed)'이라고 번역된 헬라어가 '메타모르푸(metamorphoô)'이고, 이 단어에서 '메타모르포시스(metamorphosis : 탈바꿈, 변형, 변태 _옮긴이)'가 나왔다는 사실을 알면, 이해하기가 더 쉬울 것이다. 이것은 하찮은 애벌레가 아름다운 나비로 변화될 때 일어나는 일을 말한다.

또 다른 흥미로운 사실이 있다. 이 헬라어 단어는 신약 성경에 네 번 나오는데, 한 번이 이 로마서 12장 2절이고, 다른 한 번은 고린도후서 3장 18절인데 예수 그리스도가 영광스러운 모습으로 변화되는 것을 묘사하는데 사용되었다. 그리고 예수님이 베드로, 야고보, 요한과 함께 계시던 산에서 변화되시는 모습과 관련해서 복음서에 두 번 사용되었다. 그 구절은 "그들 앞에서 변형되사"(마 17:2, 막 9:2)라고 되어 있다. 여기에 사용된 단어들은 모두 같은 단어다. 즉, 우리 마음을 새롭게 함으로 변화를 받고 그래서 이 세상을 따르지 말라고 말씀할 때 바울이 사용한 단어는, 예수님이 이 땅의 비천한 모습에서 빛나는 모습으로, 베드로와 야고보와 요한이 그 광경을 잠깐이나마 목격할 수 있는 특권을 받았던 그 모습으로 변화되시는 것을 묘사할 때 사용된 바로 그 단어다.

그리고 바울이 고린도후서에서 "우리가 다 수건을 벗은 얼굴로 거울을 보는 것 같이 주의 영광을 보매 그와 같은 형상으로 변화하여 영광에서 영광에 이르니 곧 주의 영으로 말미암음이니라"(고후 3:18)고 쓴 이유이기도 하다.

고린도후서에서는 바울이 "그런 일이 일어날 것이다"라고 말하지만, 로마서 12장에서는 "그런 일이 일어나게 하라"고 말한다. 즉, 이 변화를 이루기 위한 능력은 아니더라도 그 책임은 우리에게 있다고 말한다. 어떻게 그런 일이 일어날까? 우리의 마음을 새롭게 해야 하고, 우리 마음을 새롭게 하려면 생명을 주시고 새롭게 하시는 하나님의 말씀을 공부해야 한다. 말씀을 공부하지 않고는, 이 세상의 틀 속에 머무르게 될 것이며, 바르게 생각할 수도 없고, 그리스도인답게 행동할 수도 없다. 말씀을 공부할 때, 성령께서 축복해주시고 능력을 주셔서, 우리는 주 예수 그리스도의 영광스러운 광채를 입기 시작할 것이며, 점점 더 예수님을 닮아가게 될 것이다.

각주 ❊❊❊

1. R. C. Sproul, *Lifeviews: Understanding the Ideas that Shape Society Today* (Old Tappan, N. J.: Fleming H. Revell, 1986), p. 35.

2. Harry Blamires, *The Christian Mind: How Should Christian Think?* (Ann Arbor, Mich.: Servant Books, 1963), p.44.

3. *Humanist Manifestos I and II* (New York: Prometheus Books, 1973), p. 13.

4. Ibid., p. 16.

5. Ibid., p. 17.

6. Herbert Schlossberg, *Idols for Destruction: Christian Faith and Its*

Confrontation with American Society (Washington, D. C.: Regnery Gateway, 1990).

7. Allan Bloom, *The Closing of the American Mind* (New York: Simon and Schuster, 1987), p. 25. 《미국 정신의 종말》, 범양사 출판부.

8. Time, May 25, 1987, p. 14.

Chapter 07

생각하지 않는 세대

이 세대의 방식

하나님은 우리를 이성적인 존재로 창조하셨는데, 우리는
하나님이 주신 인간성을 부인할 것인가? 하나님은 우리
에게 말씀하시는데, 우리는 그분의 말씀을 듣지 않을 것
인가? 하나님은 그리스도를 통해 우리 마음을 새롭게 하
시는데 우리는 그 마음으로 생각하지 않을 것인가?

_존 스토트

우리가 살고 있는 이 세상을 지배하는 문화적인 방식을 생각해 볼 때, 가장 먼저, 그리고 자연스럽게 앞에서 살펴본 철학이나 '주의(ism)' — 세속주의, 인본주의, 상대주의, 물질주의 — 를 떠올리게 되고, 그것이 바로 내가 그 가치관을 먼저 다룬 이유다. 그러나 이러한 가치관보다 훨씬 더 중요할 수도 있는 문화적인 방식이 또 하나 있다. 나는 이것을 '생각하지 않음, 생각 없음, 분별없음(mindlessness)'이라고 하는데, 즉 주위에서 일어나는 일을 분석적이고 비판적인 방법으로 볼 능력도 없고 그럴 의지조차 없는 것을 말한다.

그리스도인들은 마음을 새롭게 하라는 부르심, 즉 "너희는 이 세대(the pattern of this world : 이 세대의 방식 _옮긴이)를 본받지 말고 오직 마음을 새롭게 함으로 변화를 받아"(롬 12:2)라는 명령을 받았기에, '생각하지 않는' 문화적인 현상은 우리가 깨닫고, 이해하고, 극복해야 하는 '이 세대의 방식'임이 분명하다. 우리는 그리스도인으로서 여러 모양의 사람이 될 수 있지만, 가장 중요한 필수조건, 즉 가장 중요하지는 않아도 모든 것의 기본이 되는 사항은, 생각하는 사람이 되어야 한다는 것이다.

미국은 "바나(Vanna)처럼 되고 있다"

현 시대의 '생각하지 않는 현상'에는 많은 원인이 있다. 그 중에서도 서구 물질주의, 현대 사회의 빠른 속도, 철학적인 회의론 등을 들 수 있다. 오직 돈을 버는 것에만 관심이 있다면, 깊이 생각하지 않을 것이다. 항상 미친 듯이 달려가기만 하고, 그래서 너무 바빠서 생각할 시간이 없다면, 깊이 생각하지 않을 것이다. 생각하는 것이 가치 있다고 믿지 않는다면, 깊이 생각하지 않을 것이다. 이들은 모두 현 시대의 '생각하지 않는' 분위기에 기여하는 중요한 요인들이다. 그런데 나는 '생각하지 않는' 분위기의 가장 주된 요인이 텔레비전이라고 주장하고 싶다.

나는 몇 년 전부터 문화적인 문제 요인으로 텔레비전을 연구하기 시작했는데, ABC 방송의 〈나이트라인 Nightline〉 뉴스 프로그램의 진행자 테드 코플(Ted Koppel)이 1987년 듀크 대학교에서 했던 졸업식 연설을 읽은 것이 계기가 되었다. 이 연설 후에, 기독교 강사들이 코플을 자주 언급하기 시작했는데, 이는 그가 십계명에 대해 한 말 때문이고, 그것이 바로 내가 그의 말을 중요하게 생각한 이유이기도 하다. 코플은 미국에서 도덕적인 풍조가 타락하고 있음을 개탄하고, 대부분 그리스도인이 아닌 일반 청중에게 종교적인 기준이 여전히 유효함을 강조했다. 코플은 십계명이 '열 가지 제안(suggestions)'이 아니라 '열 가지 명령(Commandments)'이며, '과거의' 규범이 아니라 '현재의' 규범이라고 말했다.

그러나 코플의 연설 중에서 내가 가장 흥미로웠던 것은 십계명에 대한 내용이 아니었다. 십계명에 대한 그의 말이 사실이기는 하지만, 그가 처음에 말한 문장이 가장 흥미로웠다. 그는 "미국은 '바나처럼 되고 있다(Vannatized)'"라고 말했다.

바나(Vanna)처럼 되고 있다니, 무슨 뜻일까?

코플은 바나 화이트(Vanna White)를 말한 것이다. 바나 화이트는 텔레비전 게임쇼인 〈휠 오브 포춘 Wheel of Fortune〉의 아름답고 인기 많은 젊은 여성 보조 진행자다. 수년 동안 바나 화이트는 텔레비전에 등장한 일종의 현상이었다. 그녀가 하는 일은 매우 단순하다. 바나는 게임 참가자들이 맞춰야 하는 단어의 글자를 가리고 있는 커다란 게임판 옆에 서 있다. 참가자들이 글자를 맞추면, 바나는 무대 중앙으로 걸어가서 게임판을 돌려서 글자를 보여준다. 그리고 한쪽으로 비키면서 박수를 친다. 단순한 일이지만, 바나는 이 일을 좋아하는 것처럼 보인다.

아니, 코플이 말한 것처럼, '좋아한다'는 말은 너무 밋밋하다. 바나는 "보는 것마다 열광하고, 즐기고, 숭배한다." 그녀에 대한 반응은 폭발적이어서, 그녀에 대한 책이 서점에 등장하고, 미국에서 존경받는 사람들의 목록, 멋지지만 올라가기 어려운 그 목록에도 곧잘 올라간다.

그러나 흥미로운 사실이 있다. 최근까지 바나는 〈휠 오브 포춘〉에서 단 한마디도 하지 않았다. 어떻게 아무 말도 안 하는 사람이, 그래서 기본적으로 어떤 사람인지 알 수 없는 사람이 그런 인기를 얻을 수 있는지 코플은 의문을 제기한다. 그리고 그것이 바로 중요한 점이라고 코플은 말한다. 바나 화이트가 실제로 어떤 사람인지 알 수 없기 때문에, 그녀는 우리가 그녀에게 원하는 어떤 모습이든 될 수 있다. "그녀는 페미니스트인가, 아니면 모든 남성우월주의자의 이상형인가? 당신이 원하는 대로 그녀는 어떤 사람이든 될 수 있다. 여동생, 애인, 딸, 친구가 될 수도 있고, 화를 내지도 않고, 당신이 실수를 해도 위협하거나 심판하지 않는다."[1] 우리 자신의 깊은 곳에 있는 감정, 필요, 또는 환상을 그녀의 텔레비전 이미지에 투영할 수 있기 때문에 그녀의 인기가 높은 것이다.

물론 코플은 〈휠 오브 포춘〉의 성공에는 그리 관심이 없다. 그는 우리 문화를 분석할 뿐이다. 그리고 그의 요점은 바나 화이트의 매력이 바로 텔레비전의 핵심이고, 텔레비전이 우리의 생각하는 방식을 형성하고, 더 정확하게 말하면 우리가 **생각하지 않도록** 만든다는 것이다. 사람들은 텔레비전이 좋은 학습 도구라고 말한다. 하지만 '학습'이야말로 텔레비전이 하지 않는 일이다. 텔레비전은 어떤 문제에 대해 생각해보도록 깊이 있게 무엇인가를 제시한 적이 별로 없기 때문이다. 대신에, 텔레비전은 사건을 30초짜리로 잠깐 보여 주고, 우리의 어렴풋한 감정을 투영할 수 있는 이미지를 제공한다.

우리가 지금 문제 삼는 것이 게임쇼와 텔레비전 오락 프로그램뿐이라면, 자녀들이 진지하게 공부해서 사고를 훈련하기보다는 시시하고 지루한 오락거리를 보는 데 많은 시간을 보낸다는 문제 외에는, 별로 문제되는 것이 없을지 모른다. 그러나 코플과 내가 주장하는 것처럼, 텔레비전이 정말로 우리가 생각하지 않도록 영향을 주고 있다면, 텔레비전은 지적, 사회적, 영적으로 심각한 문제를 야기한다.

죽도록 즐기기

뉴욕 대학교의 커뮤니케이션 기술 및 과학 분야의 교수인 닐 포스트먼(Neil Postman)은 텔레비전이 문화에 미치는 부정적인 영향을 학문적으로 연구하여 그 내용을 발표했다. 그 책의 제목은 《죽도록 즐기기 : 쇼 비즈니스 시대의 대중 담론》이다.[2]

《죽도록 즐기기》는 1984년 다음 해에 출간되었는데, '1984년'은 조지 오웰이 공포에 의해 통제되는 사회를 암울한 시각으로 바라본 미래 소설의 제목으로도 매우 유명하다. 오웰의 소설에서, 빅 브라더는 무자비한 철권통치로 모든 것을 지배한다. 포스트먼은 《1984년》과 똑같이 오싹하면서도 미래에 대한 다른 시각을 보여 주는 책으로 《1984년》보다 조금 일찍 출간된 올더스 헉슬리(Aldous Huxley)의 소설 《멋진 신세계 *Brave New World*》를 소개한다. 헉슬리의 소설에서는 빅 브라더가 필요 없다. 미래에 대한 불길한 관점으로 보면, 생각할 줄 아는 능력을 빼앗아가는 압제와 테크놀로지를 사람들이 오히려 좋아하기 때문이다.

포스트먼은 이렇게 쓰고 있다.

> 오웰은 누군가 서적을 금지시킬까 두려워했다. 헉슬리는 아무도 책을 읽으려 하지 않기 때문에 굳이 서적을 금지할 만한 이유가 없어질까 두려워했다. 오웰은 정보 통제 상황을 두려워했다. 헉슬리는 지나친 정보 과잉으로 인해 우리가 수동적이고 이기적인 존재로 전락할까 봐 두려워했다. 오웰은 진실이 은폐될 것을 두려워했다. 헉슬리는 비현실적인 상황에 진실이 압도당할 것을 두려워했다. 오웰은 통제로 인해 문화가 감옥이 될까 두려워했다. … 헉슬리가 《다시 가본 멋진 신세계 Brave New Revisited》에서 언급했듯이, 자유주의 시민들과 합리주의자들은 전제 정치에 대항하는 경계 태세는 늘 빈틈없이 살피면서도 '인간들의 거의 무한정한 오락추구 욕구는 미처 살피지 못했다.'[3]

이 두 가지 압제 중에서 공산주의 국가들이 전자의 희생자로 전락했던 것처럼, 미국이 이끄는 서구 문화는 분명히 후자의 압제에 굴복했다.

그렇다면 포스트먼의 주장은 무엇인가? 그의 책 전반부는 '타이포그래피(typography, 활판술)의 시대'와 '쇼 비즈니스의 시대'라고 하는 현대 텔레비전 시대 사이의 차이점을 연구한다. 타이포그래피는 인쇄된 글자를 말하고, 신문, 팸플릿, 책으로 아이디어를 전달하는 일과 관련된다. 이는 이성적이고 분석적인 방법인데 문자 언어를 사용하기 때문이다.

생각할 필요가 있는 글을 읽을 때, 인쇄된 페이지와 우리 사이에는 분명한 거리가 있다. 글을 읽고 있지만, 읽고 있는 내용에 반드시 정신없이 빠져드는 것은 아니다. 우리는 분석하고, 곰곰이 생각하고, 따져보고, 비교하고, 대조하고, 다른 의견을 제시한다. 논지를 이해하지 못할 때는 읽었던 단락을 다시 한 번 읽는다. 전문적인 글을 읽을 때, 모르는 단어가 나오면 찾아볼 수도 있다. 논지를 따라가다가, 타당하지 않다고 생각되면 그 논지에 동의하지 않는다. 그 결론에 이의를 제기하기도 한다. 훨씬 대중적인 글과 우리 사이에도 분명한 거리가 있다. 그래서 우리는 정말 좋은 작품이라고 평가하면서도, 잘 쓰인 문장에 환호하지 않거나 감동적인 단락에 박수를 보내지 않는 경우가 있다. 잘 읽을 줄 알고 문자 언어에 길들여진 사람들은 생각할 줄 알고, 그리고 생각한다. 문자 언어는 생각하게 만든다. 더구나 올바른 방법으로 읽고 더 많은 양을 읽을수록, 더 잘 생각하고 더 오래 생각할 수 있게 된다.

포스트먼은 1800년대 중반 대중들의 큰 주목을 받았던 링컨과 더글러스의 유명한 토론을 예로 들면서 타이포그래피의 강점을 설명한다. 그 당시 토론은 세 시간에서 일곱 시간까지 계속되었지만 사람들은 들을 수 있었고(또는 읽을 수 있었고), 이해할 수 있었고, 그에 대한 여론을 형성할 수 있었다. 사람들의 사고력은 인쇄 매체로 인해 훈련되었다. 테드 코플이 지적한 것처럼, 불행하게도 텔레비전은 의사소통을 위한 이성적인 도구로 작용하지 못하고 단지 이미지로만 작용한다. 그 결과 생각하지 않는 문화가 형성되고 있다.

포스트먼이 그 책에서 주장한 내용 중에서 많은 부분이 내가 '생각하지 않음(mindlessness)'이라고 말한 부분을 지지한다. 이제 포스트먼이 말한 대로, 텔레비전의 악영향을 구체적인 세 가지 영역에서 검토해보고자 한다.

1) 텔레비전 뉴스 : "자, 다음은 …"

포스트먼의 책에 텔레비전 뉴스를 다룬 장(章)이 있는데, "자, 다음은(Now … This)"이라는 제목이다. 이 구문은 짧은 텔레비전 뉴스 한 꼭지 다음에 ― 네트워크 뉴스 프로그램에서 일반적인 뉴스 하나는 단 45초에 불과하다 ― 다음 뉴스나 광고를 연결할 때 가장 많이 사용되는 구문이다. 이 구문이 뜻하는 것은, 방금 본 뉴스는 앞으로 보게 될 뉴스와는 아무런 관련이 없고, 그 주제와도 아무런 상관이 없다는 것이다. 이성적인 생각을 하기 위해서는 그런 연결이 필요하다. 생각하기 위해서는 유사성, 모순, 추론, 가능성 있는 결과 도출에 의존해야 한다. 그러기 위해서는 시간이 필요하다. 앞서 말한 것처럼, 책과 같은 인쇄 매체는 우리에게 시간을 준다. 그러나 텔레비전이 주지 않는 것이 바로 시간인데, 텔레비전은 생각할 여유를 주지 않는다. 텔레비전이 생각할 수 있는 시간도 주지 않고 생각을 유도하지도 않는다면, 텔레비전이 본질적으로 추구하는 것은 '기분 전환, 오락' 일 뿐이다.

포스트먼은 텔레비전이 "결론 없는 뉴스, 가치 없는 뉴스, 그래서 본질적인 진지함조차 결여된 뉴스; 한마디로 순전히 오락거리나 다름없는 뉴스"[4]를 제공한다고 말한다. 다시 말해서, 그것은 '생각하지 않음'일 뿐만 아니라, 텔레비전은 우리에게 생각하지 말라고 가르치는데 우리가 무지한 상태인데도 가장 많은 것을 알고 있다고 착각하게 하는 정도까지 이르게 한다.

2) 정치 : "이미지가 좋아야 당선된다"

텔레비전 시대가 좋지 않은 영향을 미치는 두 번째 분야는 정치다. 포스트먼은 이 장(章)의 제목을 "이미지가 좋아야 당선된다"라고 붙였다. 로널드 레이건은 "정치는 쇼 비즈니스와 다를 바 없다"라고 말한 적이 있다.[5] 정치가 그런 것이라면, 텔레비전으로 정치를 보여 주는 목적은 탁월함, 투명성, 정직, 일반적으로 선하다고 생각되는 것을 추구하려는 것이 아니라, 그것을 추구하는 것처럼 보이게 할 뿐이다.

리처드 닉슨이 마침내 백악관에 입성하게 되었던, 1968년 대통령 선거 이후에, 조 맥기니스(Joe McGinniss)라는 정치 분야 저술가는 《1968년 대통령 팔기 *The Selling of the President 1968*》라는 책을 썼다. 그 책에서 닉슨 보좌관들의 전략을 설명했는데, 보좌관들은 1960년 선거에서 존 F. 케네디의 텔레비전 이미지가 더 좋았기 때문에 닉슨이 패배했다고 생각했다. 닉슨의 수석 보좌관인 윌리엄 개빈이 이렇게 조언했다고 한다. "직선적인 논리는 버려야 합니다. 감동과 태도로 공세를 펼쳐야 합니다. 문장 중간에서 멈추고 세상의 절반이라도 생략하세요. … 논리는 시청자를 밀어냅니다. 논리는 시청자를 공격합니다. 논리는 시청자에게 동의할 것인지 반대할 것인지를 강요합니다. 감동은 지적인 것을 요구하지 않고 시청자를 포용하고 시청자를 끌어들일 수 있습니다. … 유권자들이 당신을 좋아하도록 만드세요. 그러면 싸움의 3분의 2는 이긴 겁니다."[6]

요즘 선거 매니저들은 어떤 방법으로 후보를 당선시키는가? 쟁점을 토론하는 방법은 쓰지 않는다. 그것은 패배로 가는 확실한 방법이다. 어떤 문제에 대해 어떤 입장을 취하든, 완전히 의미 없는 것이 아니라면, 누군가의 기분을 상하게 하는 것은 분명하기 때문이다. 선거에서 이기는 방법은 후보자의 유쾌한 텔레비전 이미지를 보여 주고 후보자를 가능한 한 오랫동안 문제되는 상황에서 벗어나 있게 하는 것이다.

이것이 로널드 레이건이 1980년 대통령 선거에서 승리한 이유이고, 1984년에 더 확실하게 승리한 이유다. 레이건은 이전

대통령들이나 상대 후보자와 실질적으로 다른 공약을 취했고, 내 판단으로는 레이건의 공약이 대체적으로 옳긴 했지만, 레이건이 승리한 것은 레이건의 공약 때문이 아니었다. 실제로 '레이건 혁명'이 있긴 했지만, 레이건이 승리한 이유는 그 때문이 아니었다. 레이건이 승리한 주된 이유는 영화에서 오랫동안 경력을 쌓았고 텔레비전이란 매체의 전문가였기 때문이다. 사람들이 신뢰할 수 있도록 강하고 품위 있는 이미지를 보여 주었기 때문이다.

그 다음 1988년 선거에서, 조지 부시가 마이클 듀카키스에게 승리했다. 모든 지식 있는 유권자라면 그 내용을 충분히 알고 있었던 진짜 논쟁거리를 다룬 선거였다. 텔레비전은 이 토론을 잘 전달할 수 있는 매체가 되어야 했다. 그러나 유권자들이 본 것은 논쟁 주제에 대한 토론이 아니었다. 조지 부시와 마이클 듀카키스는 정치 문제에서 어떻게 다른가? 사회보장제도, 탁아, 교육, 세금, 낙태와 같은 국내 문제에 대해서는 어떤가? 국제 문제에 있어서는? 국방은? 러시아, 동유럽, 중국, 일본과의 관계는? 이 문제에 대한 진짜 대답이 무엇인지를 아는 사람은 유권자들이 아니라 정부의 전문가들뿐이었는데, 선거의 쟁점은 이런 문제가 아니었기 때문이다.

그렇다면, 무엇이 쟁점이었는가? 실제로 중요한 쟁점은 단한 가지였는데, "조지 부시는 '약골'인가?" 하는 문제였다. 왜 그 문제가 제기되었을까? 텔레비전에서 부시가 약골처럼 보였기 때문이다. 부시는 마르고 허약해 보였으며, 때로는 예의를 표하기 위한 방법으로 고개를 한쪽으로 기울이기도 했다. 듀카키스 선거 진영이 유권자들에게 부시의 이미지를 그런 식으로 심는 데 성공했다면, 유권자들은 듀카키스에게 표를 주었을 것이다. 그런 약골이 대통령이 되기를 바라는 사람은 아무도 없기 때문이다. 반면에, 부시의 과제는 자신이 실제로 강한 대통령이 될 수 있다는 확신을 유권자들에게 심어 주는 일이었고, 그래서 부시 진영의 선거 전략은, 많은 사람이 "불공평하고 더럽다"고 평하는 듀카키스를 상대로 강하고 공격적인 선거 운동을 벌이는 것이었다.

대중매체는 항의했다! 댄 래더, 톰 브로커, 피터 제닝스는 예상대로 독선적이고 불쾌했다. 그들이 기억하기에는 이번 선거가 가장 실속 없고 비열한 선거 운동이었다고 말했다. 그러나 얼마나 위선적인가! 그것은 생각 없는 정치였지만, 그런 것이 바로 텔레비전이 요구한 것이었다. 텔레비전은 생각이 아닌 이미지를 추구한다.

1992년 선거는 어떤가? 나는 처음부터 빌 클린턴이 선거에서 이길 것이라고 말했다. 클린턴이 이 나라를 빚더미에서 건져낼 수 있는 더 좋은 계획을 가졌기 때문도 아니고, 유권자들이 지난 몇 년간 미국 경제 성장이 정체된 것에 불만을 품었기 때문도 아니다. 클린턴의 텔레비전 이미지가 더 좋았기 때문이다. 그는 완벽한 텔레비전 후보였고, 그는 승리했다.

마샬 맥루한(Marshall McLuhan)이 "대중매체는 메시지다(The medium is the message)"라고 한 말은 옳았다. 선거 운동 참모들은 그 교훈을 잘 알고 있고, 선거 본부를 조직하는 이유도 바로 그 일을 하기 위해서다.

로널드 레이건은 실제로 품위 있고 강한 사람**이라거나,** "조지 부시는 **실제로** 약골이다[혹은 약골이 아니다]"라거나 빌 클린턴이 더 좋은 후보**였다고** 항의하는 사람도 있을 것이다. 그러나 내 요점은, 우리가 인지하고 있는 것이 맞는지 틀리는지를 미래의 사건이 증명해줄 때까지, 텔레비전을 통해서는 실제 사실을 알 수 없다는 것이다. 가장 심각한 상황은, 우리가 모르고 있다는 사실이 아니라, 텔레비전 때문에 모르는 것도 **알고 있다고** 생각하게 되는 것이다.

3) 종교 : 오락으로서의 종교

텔레비전이 나쁜 영향을 주는 세 번째 영역은 종교인데, 이것이 바로 포스트먼의 연구와 우리의 관심사가 구체적으로 겹치는 부분이다. 포스트먼의 책에서 종교에 대한 장(章)의 제목은 "설교가 아니라, 쇼!"이다.

종교는 주로 오락의 형식으로 텔레비전에 등장한다. 텔레비전과는 전혀 상관없이 국내적, 국제적으로 그리스도인들이 따랐던 빌리 그레이엄 목사를 제외한다면, 그리고 찰스 스탠리와 제임스 케네디와 같이 말씀을 가르친 몇몇 목회자를 예외로 한다면, 텔레비전의 종교적인 스타들은 대부분 연예인이다. 팻 로버트슨(Pat Robertson)은 머브 그리핀(Merv Griffin)과 같은 계열로 행사의 대가다. 지미 스와가트(Jimmy Swaggart)는 도덕성으로 추락하기 전까지 매우 성공한 기독교 텔레비전 강사였는데, 활기차고 즐겁게 해주는 강사일 뿐만 아니라 피아노 연주자와 가수이기도 했다. 제리 폴웰, 로버트 슐러가 인도하는 예배처럼 텔레비전으로 방송되는 예배도, 뮤지컬 연기와 인기 있는 간증을 필수로 포함시킨다. 마치 세속적인 텔레비전에 나오는 버라이어티 쇼처럼 말이다. 이런 쇼에 맞는 이름은 '보드빌 (vaudeville, 노래 · 춤 · 촌극 등을 엮은 오락연예 _옮긴이)'일 것이다.

중요한 질문이 있다. "종교를 텔레비전으로 옮기면서 잃어버린 것은 무엇인가?" 그 대답은 "종교를 종교답게 만드는 거의 모든 것"이다. 그중 가장 중요한 것은 초월적인 존재에 대한 인식이다. 하나님을 잃어버리고 있다. 포스트먼은 이렇게 말한다. "종교를 역사적이고 심오하고 거룩한 인간의 활동으로 만드는 모든 것이 없어졌다. 의식도 없고, 교리도 없고, 전통도 없고, 신학도 없고, 무엇보다도 영적인 초월성에 대한 인식이 없다. 이런 쇼에서는, 설교자가 왕이다. 하나님은 조연일 뿐이다."[7]

이 책의 다른 부분에서 포스트먼은 "내가 틀리지 않다면, 이는 신성모독이다"[8]라고 말한다.

이와 같은 종교적인 오락을 좋아하는 시청자라면 이렇게 주장할 수도 있다. "주일마다 지역 교회에서 진실한 예배가 계속 드려지기만 한다면 상관없지 않습니까?" 하지만 그럴까? 내 생각에는, 텔레비전의 영향력 때문에 교회 예배도 텔레비전처럼 엉뚱하고 재미있게 드려야 한다는 압력을 받고 있으며, 그런 상황이 널리 퍼지고 있을 뿐만 아니라 정상인 것처럼 여겨지고 있다.

오늘날 많은 교회에서 드리는 예배를 보면, 목회 기도는 없고, 관련 없는 음악, 다정한 수다, 짧게 단축된 설교만이 있을 뿐이다. 그리고 설교자에게 무엇을 요구하는가? 설교자는 매력적이어야 하고, 재미있는 이야기를 들려줘야 하고, 웃어야 하고, 무엇보다도 사람들에게 불편한 마음을 갖게 해서 교회를 떠나게 할 만한 주제는 피해야 한다고 말한다. 어떤 인기 있는 텔레비전 설교자는 죄에 대한 설교는 하지 않는데, 그런 설교는 청중을 기분 나쁘게 만들기 때문이다. 설교자는 사람들이 느끼는 필요에 대해 설교해야 하지만, 반드시 실질적인 필요를 다룰 필요는 없다. 그리고 이것은 사람들이 듣고 싶어 하는 것만 설교한다는 뜻이다.

예수님이 사람들을 즐겁게 해주셨는가? 마르틴 루터, 존 칼빈, 존 웨슬리, 또 조나단 에드워즈는 연예인이었는가?

당신의 생각(mind, 마음)이 중요하다

이제 그리스도인에게 필요한 참된 생각(마음)의 변화에 대해 이야기할 때다. 이 주제가 바로 다음 장에서 이야기할 주제다. 올 소울즈 교회(All Souls Church)의 명예 목사였던 존 스토트의 작은 책을 소개하면서 마치고자 한다.《생각(마음)이 중요하다 *Your Mind Matters*》라는 책이다. 이 책은 그리스도인의 생활을 여섯 가지 영역으로 다루고 있으며, 합당하게 그리고 역동적으로 생각하지 않고는 이 각각의 영역은 불가능하다고 주장한다. 이 여섯 가지 영역은 그리스도인의 예배, 그리스도인의 믿음, 그리스도인의 거룩함, 그리스도인의 인도하심, 그리스도인의 복음 전도, 그리스도인의 사역이다.

'예배' 드릴 때 생각을 해야 한다. 예배는 하나님의 성품에 대해 하나님을 경배하는 것이고, 그렇게 하려면 하나님의 성품이 어떠한가를 이해해야 하기 때문이다. 다시 말해서, 하나님의 왕 되심, 거룩하심, 자비하심, 지혜로우심에 대해 하나님을 찬양해야 한다.

'믿음'을 필요로 하는 영역에 대해 생각해야 한다. 믿음이란 하나님의 말씀이나 약속을 믿는 것이고, 하나님의 말씀이나 약속을 믿기 위해서는 어떤 말씀이 있는지를 이해해야 한다.

'거룩함'에서 성장하기 위해서는 생각을 해야 한다. 성화는 감정적인 표현의 문제도 아니고 성화를 위한 공식을 그저 따라가는 것 — 이 두 가지는 오늘날 성화에 관련해서 가장 인기 있는 접근 방식이다 — 도 아니다. 하나님이 우리를 그리스도와 연합하게 하셨을 때 하나님이 우리 안에서 행하신 일을 알고, 그 다음에 그에 대한 행동을 취하는 것이기 때문이다. 우리가 예전의 상태로 되돌아갈 수 없으며 앞으로 나아가는 것 말고는 다른 길이 없음을 아는 것이다.

어떻게 살아가야 하는지, 어떤 결정을 내려야 하는지 등에 대해 개인적인 '인도하심'을 구할 때 생각을 해야 한다. 우리가 따라가야 할 원리는 성경 안에 있기 때문이다. 그 말씀을 공부하고, 이해하고, 적용해야 한다. 생각하지 않고는 이런 일들을 할 수 없다.

'복음 전도'를 위해서도 생각을 해야 한다. 한 사람이 구원받는 데 믿음이 필요하다면, 그리고 믿음이 하나님의 말씀에

응답하고 그대로 행하는 것이라면(앞에서 말한 것처럼), 성경의 가르침과 예수 그리스도의 말씀을 제시하여 사람들이 그것을 이해할 수 있도록 해주어야 하기 때문이다. '믿어야' 하는 내용을 이해하지 못한다면, 그래서 단지 감정적으로만 반응한다면, 그들의 '믿음'은 참된 믿음이 아니고 그들의 회심은 참된 회심이 아니다. 결국에는 자칭 '회심했다고' 말하지만 실제로는 회심하지 않은 사람들처럼 교회를 떠나게 될 것이다.

'사역'할 때도 생각을 해야 하는데, 첫째로, 예배의 영역에서 "나는 무엇을 잘하는가, 내 영적인 은사는 어디에 있는가? 하나님은 내가 하나님을 위해 무엇을 하도록 인도하시는가?"라는 질문의 답을 구해야 한다. 둘째로, 그 사역의 영역에서 잘 섬기기 위해 "내게 주어진 일을 어떻게 감당할 것인가?"의 답을 구해야 한다.

스토트는 "반지성주의는 세상의 풍조이고, 그래서 세속성의 한 형태다. 생각(마음)을 폄하하는 것은 근본적인 기독교 교리를 약화시키는 일이다"라고 주장한다. 스토트는 날카롭게 질문한다. "하나님은 우리를 이성적인 존재로 창조하셨는데, 우리는 하나님이 주신 인간성을 부인할 것인가? 하나님은 우리에게 말씀하시는데, 우리는 그분의 말씀을 듣지 않을 것인가? 하나님은 그리스도를 통해 우리 마음을 새롭게 하시는데 우리는 그 마음으로 생각하지 않을 것인가? 하나님은 말씀으로 우리를 심판하실 것인가? 그렇다면 우리는 지혜롭게 이 반석 위에 집을 지어야 하지 않겠는가?"[9]

이는 중요하고 유익한 질문이며, 우리는 이 질문에 대해 '생각' 해야 한다.

각주 ✖✖✖

1. Ted Koppel, "Viewpoints," Commencement Address, Duke University, May 10, 1987.

2. Neil Postman, *Amusing Ourselves to Death: Public Discourse in the Age of Show Business* (New York: Penguin Books, 1986). 초판 1985. 《죽도록 즐기기》, 굿인포메이션.

3. Ibid., pp. vii, viii.

4. Ibid., p. 100.

5. Ibid., p. 125.

6. 윌리엄 개빈(William Gavin)이 준비한 제안서에서. Joe Mcginniss, The

Selling of the President (New York: Penguin Books, 1988), pp. 208, 188, 189에서 인용. 초판 1969년.

7. Postman, Amusing Ourselves to Death, pp. 116, 117.

8. Ibid., p. 123.

9. John R. W. Stott, *Your Mind Matters: The Place of the Mind in the Christian Life* (Downers Grove, Ill: InterVarsity Press, 1972), p. 26.

Chapter 08

성경적으로 생각하라

오직 마음을 새롭게 함으로 변화를 받아

아무리 하찮고, 세속적이고, 심지어 악한 경험이라고 할 지라도, 우리의 경험 중에 기독교적으로 생각할 수 없는 것은 아무것도 없다. 마찬가지로, 아무리 경건하다 할지 라도, 우리의 경험 중에 세속적으로 생각할 수 없는 것 은 아무것도 없다.

_해리 블래마이어즈

나는 해리 블래마이어즈라는
이름을 여러 번 언급했다. 해리 블래마이어즈는 기독교적인 사
고방식에 대해 두 권의 좋은 책, 즉 《그리스도인은 어떻게 사
고해야 하는가? *The Christian Mind: How Should a Christian
Think?(1963)*》와 《그리스도인의 사고의 회복: 세속주의의 도전
에 대처하기 *Recovering the Christian Mind: Meeting the
Challenge of Secularism(1988)*》를 쓴 영국인이다. 이 두 권의 책
에서 블래마이어즈는 세상의 사고방식을 거부하고 기독교적으
로 생각하라고 권면한다. 이는 우리가 본문으로 삼고 있는 로
마서 12장에서 "너희는 이 세대를 본받지 말고 오직 마음을 새
롭게 함으로 변화를 받아"(2절)라는 구절에서 사도 바울이 말한
것이기도 하다. 이 말씀은 우리의 생각이 우리를 둘러싼 세상
의 문화에 의해 결정되지 않게 하고, 세상과는 분명히 구별되
는 기독교 세계관과 인생관을 가져야 한다는 의미다.

그러나 그런 관점을 갖는다는 것은 실제로 어떤 의미일까?
다른 말로 하면, 생각하지 않는 이 시대에 우리는 어떻게 생각
하고, 어떻게 마음을 새롭게 해야 하는가?

기독교적으로 생각하는 것과 세속적으로 생각하는 것

'마음을 새롭게 한다' 라는 말의 의미에 포함되지 않는 것 한 가지는, — 대부분의 사람들은 아마 그런 뜻이라고 생각하겠지만, — 기독교적인 주제에 대해 생각하는 것이다. 물론 기독교적인 주제에 대해서도 생각해야 한다. 사실, 계시된 교리에 근거해서 그 교리를 삶에 적용하면 어떤 문제에 대해서든 '기독교적으로 생각' 할 수 있다. 이번 8장에서는 이 사고방식을 다뤄 보려고 한다. 기독교적으로 생각한다는 것은, 많은 사람이 생각하는 것처럼, 세속적인 주제를 생각하는 것에 반대되는 것으로 기독교적인 주제를 생각하는 것을 뜻하지 않는다. 그보다는 모든 문제에 대해 기독교적인 방식으로 생각하는 것, 기독교적인 사고방식을 갖는 것을 말한다.

사실 종교적인 주제에 대해서도 세속적으로 생각하는 일이 가능하다. 예를 들어 성찬식을 생각해보자. 대부분의 그리스도인에게 성찬식은 모든 종교적인 활동 중에서 가장 영적인 의식일 것이다. 그러나 성찬식에 대해서도 세속적으로 생각할 수 있다. 교회의 운영위원이라면 성찬식 비용을 다음해 예산에 포함시키는 것을 잊어버리고 있었다고 생각할 수 있다. 성찬식에 참여하는 어떤 사람은 목회자를 보면서 성찬예식을 행하는 모습을 비판하고 있을지 모른다. '목사님이 너무 서투른 걸' 이라고 생각할 수 있다. 그래도 영적인 생각을 하고 종교적인 의식을 보는 것만으로도 유익하다고 생각하는 사람들이 있을 수 있지만, 이와 똑같은 의식구조로는, 신경이 날카로운 경영자라면 골프를 치는 것이 좋고, 고민 있는 가정주부라면 쇼핑을 하면서 오후 시간을 보내는 것이 좋겠다고 생각하는 것과 마찬가지다. 이런 사람들은 가장 거룩한 기독교 의식에 대해서도 세속적으로 생각할 수 있다.

한편으로는, 가장 세속적인 문제에 대해서도 기독교적으로 생각하는 일이 가능하다. 블래마이어즈는 주유소에서 주유를 하기 위해 기다리고 있는 동안에도 그런 생각을 할 수 있다고 제안한다. 자동차와 다른 기계들로 상품화된 세상이 어떻게 하나님을 불필요한 존재로 만들고 있는지, 혹은 약속 장소로 급히 가기 위해 비행기나 자동차를 이용하는 이 빠른 세상에서 다른 사람에 대해 혹은 그들을 돌보는 일에 대해 깊이 생각하는 것이 얼마나 어려워지고 있는지 생각할 수 있다. 더 나아가, 정말로 자동차와 같은 물질적인 것이 우리를 섬기고 있는지, 아니면 우리가 물질의 노예가 된 것은 아닌지 생각해 볼 수도 있다. 물질적인 것 때문에 다른 사람을 시기하고, 그래서 십계명을 범하고 있지는 않은가? 엔진 배기가스와 다른 오염 물질에 대해서는 어떤가? 하나님이 우리를 청지기로 삼으신 환경을 위협하고 있지는 않은가? 그렇다면, 우리는 무슨 일을 할 수 있을까?

블래마이어즈는 "아무리 하찮고, 세속적이고, 심지어 악한 경험이라고 할지라도, 우리의 경험 중에 기독교적으로 생각할 수 없는 것은 아무것도 없다. 마찬가지로, 아무리 경건하다 할지라도, 우리의 경험 중에 세속적으로 생각할 수 없는 것은 아무것도 없다. 즉, 시한장치가 되어 있는 우주 속에서, 몸과 정신이라는 소멸해가는 존재와 연관시켜 생각해보기만 한다면 말이다."[1]

거기 계시는 하나님

그러면 우리는 어디서부터 시작해야 하는가? 그리스도인으로서 생각하고 행동하기를 어떻게 시작해야 하는가? 어떤 지점에서든 시작할 수 있다. 진리는 모든 것이고, 어떤 영역에 있는 진리든 결국에는 모든 영역에 있는 진리로 이어질 것이기 때문이다. 그러나 이 시대의 지배적인 철학이 세속주의라면, ― 이것은 인생의 모든 것을 오직 보이는 세계라는 관점에서, 그리고 지금 여기라는 관점에서만 보는 가치관이다 ― 그렇다면 가능성 있는 모든 출발점 중에서 최상의 출발점은 하나님에 대한 교리다. 오직 하나님만이 이 세상을 넘어서고, 영원하시기 때문이다. 더욱이, 세속주의에 대해 진정으로 기독교적인 반응을 보이고자 한다면, 하나님에 대한 교리는 반드시 필요하고 불가피한 출발점이다.

이것은 우리의 사고방식에 어떤 의미가 있는가?

하나님이 계신다면, 그것은 초자연적인 것이 실제라는 뜻이다. '초자연적인'이라는 단어에는 "위에, …을 넘어", 또는 "자연에 더하여, 자연 이외에"라는 의미가 있다. 다시 말해서, 칼 세이건은 "우주란 현재 있거나, 과거에 있었거나, 앞으로 있을 것, 그것이 전부다"라고 말하지만, 그리스도인들은 지금 있는 것, 과거에 있었던 것, 앞으로 있을 것, 그것이 전부가 **아니라고** 말한다. 하나님은 계신다. 하나님은 존재하신다. 우리가 이 사실을 인정하든 인정하지 않던, 하나님은 거기에 계시며, 우주 너머에 계신다. 하나님은 우주에 앞서 계셨다. 우주가 존재하는 것은 바로 하나님이 계시기 때문이다. 하나님 없이는 아무것도 존재할 수 없기 때문이다.

무엇인가가 존재한다면, 필연적인, 독립적으로 존재하는, 원인이 없는 제1 원인(First Cause), 즉 창조주가 반드시 그 뒤에 존재해야 한다.

한 번은 존 거스트너(John H. Gerstner) 교수가 수년 전 고등학교 때 물리학 선생님이 했던 말을 언급했다. 그 선생님은 "내가 받았던 질문 중에 가장 심오한 질문은 '왜 아무것도 없는 게 아니라 무엇인가가 있는 겁니까?(Why is there something rather than nothing)' 라는 것이었다"고 말했다.

그 당시 거스트너는 그 질문에 깊은 인상을 받았지만, 나중에 비판적인 사고 능력을 갖게 되었을 때, 그 질문은 전혀 심오한 질문이 아니었음을 깨달았다. 사실, 그것은 참된 질문도 아니었다. 그 질문은 "아무것도 없는 게 아니라 무엇인가"라고 양자택일을 제시했다. '아무것도 없는 것(nothing)' 이란 정의할 수가 없다. 정의조차 할 수 없는 단어다. '아무것도 없다는 것은(nothing is) …' 이라고 말하는 순간 아무것도 아닌 것은 아무것도 아니기를 멈추고 무엇인가가 되어버린다.

조나단 에드워즈가 재미있는 사람으로 유명하진 않지만, "잠자는 돌은 아무것도 꿈꾸지 않는다"라는 농담을 한 적이 있었다. 그래서 거스트너는 "아무것도 아닌 것이 무엇인지 안다고 생각하는 사람은 그 머릿속에 그런 바위를 가지고 있는 것이 틀림없다"라고 말했다.[2]

"왜 아무것도 없는 게 아니라 무엇인가가 있습니까?"라고 질문하자마자, '아무것도 아닌 것'은 사라지고, '무엇인가'가 남는다. 그리고 그 무엇인가에 대한 단 하나 가능한 설명은 "태초에 하나님이 천지를 창조하시니라"(창 1:1)는 말씀이고, 이것이 바로 기독교가 가르치는 교리다.

"거기 계시며, 말씀하시는 하나님"

하나님의 존재가 우리의 사고방식에 어떤 의미를 갖는가를 탐구하기 전에, 하나님에 대한 교리와 함께 또 다른 교리를 소개하려고 한다. 그것은 계시의 교리다. 존재하시는 하나님은 자신을 계시하셨다. 프란시스 쉐퍼는 이 교리를 《거기 계시며, 말씀하시는 하나님》[3]이라는 책의 제목으로 잘 설명했다. 요점을 정확하게 간파한 제목이다. 하나님은 거기에 계시고, 그분 자신을 우리에게 숨기지 않으신다. 하나님은 자연 속에서, 역사 속에서, 특히 성경 속에서 자신을 드러내신다.

6장에서 '이 세대의 방식'은 세속주의, 인본주의, 상대주의, 물질주의라고 말했다. 하나님에 대한 교리는 세속주의에 대한 구체적인 기독교적 답변이다(다양한 의미에서는, 다른 모든 가치관에 대한 답변도 된다). 계시는 상대주의에 대한 구체적인 답변이다. 하나님이 말씀하셨다면, 하나님이 말씀하신 것은 진실하고 절대적으로 믿을 수 있다. 하나님은 절대로 거짓말을 하지 않으시기 때문이다. 이 사실은 이 우주 안에 절대적인 진리가 있다는 사실과 우리가 느끼는 안전감과 목적에 타당성을 제공한다. 절대적인 것이 존재한다는 것을 부인하는 사람은 필연적으로 이 우주를 의미 없고 혼란스러운 상태로 여길 수밖에 없다.

적어도 얼마 전까지만 해도, 하나님이 말씀하셨다는 것과 우리에게 주신 하나님의 말씀이 믿을 만하다는 것은, 교회의 변함없는 신조였다. 오늘날 사람들은 성경의 진실성에 도전하고 있지만, 그 결과는 참담할 뿐이다. 하나님으로부터 오는 절대적인 말씀이 없다면, 어떤 말이든 똑같이 타당하고, 그래서 기독교도 다른 인간의 말이나 철학에 비해 더 확실하지도 않고 더 설득력 있는 것도 아니기 때문이다.

그러나 이 사실에 주목하라. 하나님이 말씀하셨다면, 기독교 신앙과 그리스도인에 대해서 언제나 엄정해야 할 것이다. 우리가 다른 사람에게 냉정해야 한다거나 무감각해야 한다는 뜻이 아니라, 우리 신념에는 양보할 수 없는 확실한 진리가 있다는 뜻이다. 예를 들면, 우리는 진리를 주장해야 하고, 그래서 아무리 사람들이 강하게 우리를 압박한다 할지라도, "그건 너의 의견일 뿐이야"라는 말에 굴복하지 않을 것이다.

수년 전에 나는 서부 해안에서 시카고로 가는 비행기를 탔는

데, 옆자리에 앉은 여성과 이야기를 하게 되었다. 우리는 종교에 대해 이야기했다. 내가 복음에 대해 설명할 때마다, 그녀는 "그건 당신의 의견일 뿐입니다"라고 응수했다. 그녀는 상대주의적인 태도로 말하고 있었다.

내가 하고자 하는 말을 엄정하게 전하면서도 기분 좋게 전할 수 있는 방법을 생각해냈고, 그 방법은 적중했다. 나는 말했다. "당신이 옳아요. 그건 제 의견입니다. 하지만 그건 중요하지 않습니다. 중요한 것은, '그것이 사실인가?' 하는 것입니다."

그녀는 내 말에 대답할 말을 미처 찾지 못했다. 대화는 계속되었고, 그녀는 내 말에 다시 "그건 당신의 의견일 뿐이죠"라고 대답했다.

나는 다시 말했다. "당신이 옳아요. 그건 제 의견입니다. 하지만 그건 중요하지 않습니다. 중요한 것은, '그것이 사실인가?' 하는 것입니다." 이런 일이 여러 번 반복되자, 결국 그녀는 미소 짓기 시작했고, 내가 어떻게 말할지를 예상하면서 웃어버렸다. 나는 집에 도착한 후, 그녀에게 C. S. 루이스의 《단순한 기독교 Mere Christianity》를 보내주었다.

계시의 교리가 갖는 또 하나의 의미는, 도덕적인 문제에 대해 양보하거나 타협할 수 없다는 것이다. 특히 옳지 못한 행동에 당신이 반대할 때마다 어떤 상황이 벌어지는지 아마 알 것이다. 사람들은 "하지만 그건 당신의 의견일 뿐입니다"라고 말하거나, 당신을 개인적으로 공격하거나, "당신이 그녀의 입장이었다면 당신도 똑같이 했을 걸요." 혹은 "당신이 그 사람보다 더 낫다고 생각하는 겁니까?"라는 식으로 비난할 것이다.

그런 공격에 낙심하지 말고, 이렇게 반응하면 된다. "그 사람의 입장이라면 내가 어떻게 했을까를 말하는 게 아닙니다. 저도 죄인입니다. 저는 더 나쁘게 행동했을지도 모르죠. 더 쉽게 실패했을지도 모릅니다. 하지만 그 문제를 말하는 게 아닙니다. 저는 옳은 것을 말하고 있고, 그것이 바로 우리가 이야기할 내용입니다. 그 문제를 이야기하지 않고 무엇을 해야 옳은지 결정하지 않는다면, 지금보다 더 나아질 수 있는 사람은 없습니다."

속임수, 부정행위 : 모든 사람이 다 그렇게 하기 때문에?
성적(性的) 문란 : 그것이 현대적인 생활방식이고, "그건 다른 사람이 상관할 일이 아니라 우리만의 일이기" 때문에?

낙태 : 법이 허락하기 때문에?

이혼 : 부부간의 불화보다 더 나은 선택인 것 같아서?

블래마이어즈는 "이런 유형의 많은 문제에 대해 기독교 신앙이 그리스도인들에게 전혀 선택의 여지를 남겨두지 않았다는 사실을, 세속적인 사람들은 아직 이해하지 못하고 있다"라고 쓴다.[4] 우리는 하나님의 권위 아래 있고, 그 권위는 성경 안에 표현되어 있다.

서구의 영적 탈진

이제 하나님에 대한 교리가 갖는 구체적인 의미를 살펴볼 준비가 되었다. 첫째로, 하나님이 계신다면, 그리고 하나님과 영원히 교제하도록 우리를 창조하셨다면, 우리는 실패, 고난, 고통, 죽음까지도 세속주의자와는 전혀 다른 시각으로 보게 될 것이다. 그리스도인에게, 고난이나 고통이나 죽음은 절대로 가장 큰 비극일 수 없다. 물론, 이 모든 것은 나쁜 것이다. 죽음은 원수다. 고린도전서 15장 26절은 죽음을 "맨 나중에 멸망 받을 원수"라고 말한다. 그러나 이 나쁜 것들은 영원한 것에 비하면 아무것도 아니다. 그리스도인은 침착하게 죽음에 직면할 수 있다. 죽음 너머에서 예수님과 함께하게 될 것을 알기 때문이다.

둘째로, 성공과 즐거움은 가장 중요한 가치가 되지 않을 것이다. 좋은 것이기는 하지만, 죄로부터 구원받는 것과 하나님을 아는 것에는 절대로 비교될 수 없다. 예수님은 분명히 말씀하셨다. "사람이 만일 온 천하를 얻고도 제 목숨을 잃으면 무엇이 유익하리요 사람이 무엇을 주고 제 목숨과 바꾸겠느냐"(마 16:26). 또 다른 말씀에서는 "몸은 죽여도 영혼은 능히 죽이지 못하는 자들을 두려워하지 말고 오직 몸과 영혼을 능히 지옥에 멸하실 수 있는 이를 두려워하라"(마 10:28)고 말씀하셨다.

그리고 이것은 앞서 논의했던 또 다른 '주의' 인 물질주의에 대한 기독교적인 대답이 될 수 있다. 두 가지 유형의 물질주의가 있다. 하나는 철학적인 물질주의로서 교조적인 공산주의 같은 것을 말한다. 또 하나는 실질적인 물질주의로서 이는 서구 사회의 가장 큰 특징이다. "우리는 공산주의자가 아니다. 공산주의자는 유물론자(물질주의자)이다. 따라서 우리는 물질주의자가 아니다"라는 잘못된 삼단논법으로 생각해왔다. 그러나 그런 식의 결론은 옳지 않다. 우리는 실질적인 물질주의를 따르고 있고, 그 때문에 우리의 영혼은 뒤틀리고, 영적으로 성장하지 못하고, 이 세대에 복음이 증거되지 못하고 있다.

서구 물질주의에 대한 가장 날카로운 비판은 알렉산드르 솔제니친이 한 말인데, 솔제니친은 소련 국민이었다가 추방당한 사람이다. 1978년 솔제니친은 하버드 대학교 졸업식에서 연설하면서 물질주의를 비판했다. 이때까지 솔제니친은 미국인의 영웅이었다. 소비에트 연방의 악명 높은 강제노동수용소에서 고통받고 그 나라를 떠났는데, 그것이 바로 하버드가 그에게 연설을 요청한 이유였다. 그러나 솔제니친은 서구를 직설적으로 비판하는 연설을 함으로써 그의 인기는 거의 하룻밤 사이에 사라졌고, 그 이후로는 뉴잉글랜드에 칩거하면서 많은 책을 썼지만 그의 연설은 거의 들을 수 없게 되었다.

솔제니친의 연설은 사회주의를 옹호한 것이 아니었다. 그와는 정반대였다. 그는 "그것은 제로(zero)이며, 오히려 제로(zero)보다도 적다"라고 말하면서 동유럽에서 사회주의 이데올로기가 패배한 것을 기뻐했다. 그러나 "누군가 내게 오늘날과 같은 서구의 모습을 내 조국의 모델로 삼겠느냐고 질문한다면, 나는 아니라고 대답해야만 합니다. … 우리 나라는 깊은 고통을 통해 지금처럼 강한 영적인 발전을 이룩했기 때문에 현재 영적으로 고갈 상태인 서방의 체제는 매력적이지 않습니다"라고 말했다. "폭력과 압제로 수십 년간 고통을 겪은 후에, 인간의 영혼은 더 고결하고 더 따뜻하고 더 순전한 것을 갈망합니다. 현대 대중의 생활 습관이 제공하는 것, 그리고 매스컴의 관심에서 비롯된 혐오스러운 공격과 텔레비전으로 인한 혼미 상태, 참을 수 없는 음악이 주는 것을 원하지 않습니다"라고도 주장했다.[5]

솔제니친에 의하면, 서구는 영적인 것은 배제한 채 육체적인 복지와 물질을 소유하는 일만 추구하고 있다.

"죽음을 두려워하지 않는다"

1989년에 서구에 있던 사람들은 동유럽에서 일어난 정치적인 변화에 크게 놀랐다. 나라마다 수십 년간 지속된 공산주의 유물을 버리고, 민주적으로 선출된 관료들로 지도자를 교체했다. 우리는 이 변화에 당연히 기뻐했다. 그러나 두 가지를 기억해야 한다.

첫째로, 이전의 공산주의 국가들은 조금 더 민주적인 방향으로 이동한 반면에, 우리 경우에는 그들의 유물론(물질주의) 방향으로 이동했다. 즉 오직 한 가지 '지금 세상에서 재물을 얼마나 많이 소유할 수 있는가'라는 것이 가장 중요한 문제인 양 살고 있다. 악명 높은 베를린 장벽의 문을 통해서 동독인들이 들어오는 장면은 매우 놀라웠다. 우리는 그들이 서베를린 선반에 가득한 물건을 보고 놀라는 장면을 보았다. 그러나 서구의 영적인 환경이 그들보다 훨씬 못하다면, 서구에 올 수 있었던 것이 그들에게 어떤 유익이 되겠는가?

우리가 기억해야 할 두 번째 사항이 있다. 영적인 것에 무지한 미국 방송매체가 그 당시 한 번도 언급한 적이 없는 일이지만, 동유럽권에서 일어난 변화는 어떤 한 개인 ── 미하일 고르바초프, 보리스 옐친, 또는 다른 사람 ── 의 의지가 아니라 국민의 믿음과 영적인 힘 때문이었다.

예를 들어, 맨 처음 돌파구가 되었던 폴란드 연대 운동의 힘은 로마 가톨릭 교회였다. 교황 요한 바오로 2세는 사람들의 믿음과 꿈을 강력히 지지했다.

또 동독에서 일어난 변화의 배후에도 믿음과 영적인 힘이 있었다. 독일의 사회적 통념에 따르면, 전환점은 1989년 10월 9일, 7만 명의 시위대가 라이프치히에서 행진했을 때다. 군대는 비상 경계 태세에 돌입했고, 일반적인 상황이라면 이 시위대를 폭력으로 진압했을 것이다. 그러나 시위대는 "총을 발사하라, 그래도 우리는 행진할 것이다"라고 외쳤다. 군대는 공격하지 않았고, 그 후 저항운동으로 인해 정부는 전복되었다.[6]

루마니아에서는, 니콜라에 차우셰스쿠(Nicolae Ceausescu) 대통령이 불과 몇 주 전에 사과나무에 배가 열리기 전까지는 루마니아에서 사회주의가 위협받는 일은 절대 없을 것이라고 선언했지만, 한 개신교 목사의 집에서 그 목사를 둘러싼 교인들이 목사님을 경찰에게 내주느니 차라리 죽음을 각오하겠다고 선언하면서 그 정권의 종말은 시작되었다.

루마니아 선교협회의 설립자이자 회장인 조셉 쏜(Josef Tson)은 차우셰스쿠 사망 직후 루마니아에 있었기 때문에 그 이야기를 자세하게 전해 줄 수 있었다. 그 목사의 이름은 라즐로 토케(Laszlo Tokes)이며 티미소아라(Timisoara) 출신이다. 1989년 12월 16일 토요일, 크리스마스를 며칠 앞두고, 수백

명, 그 다음에 수천 명의 사람들이 목사의 집을 둘러싸고 그를 보호했다. 그중에 24세인 다니엘 가바(Daniel Garva)라는 이름의 침례교회 사역자가 있었다. 그는 계속해서 몰려드는 대중에게 촛불을 나눠주는 아이디어를 생각해냈다. 그는 자신의 촛불을 켜고, 그 다음에 다른 사람의 초에 불을 붙여 주었다. 이 때문에 방어만 하려고 했던 전략이 점차 큰 시위로 확대되었고, 이것이 혁명의 발단이었다. 다음 날, 비밀경찰이 사람들에게 발포했을 때, 가바는 다리에 총을 맞았다. 가바는 다리를 절단해야 했다. 하지만 병원 침대에서 이 젊은이는 토케 목사에게 "저는 다리를 잃었지만 행복합니다. 제가 첫 번째 불을 붙였습니다"라고 말했다.

루마니아 국민들은 1989년 12월의 사건을 국가적인 혁명이라고 말하지 않고, '하나님의 기적'이라고 말한다. 대중은 "하나님은 살아 계신다!"라는 구호를 외쳤다. 강성 무신론 국가였던 곳에서 말이다! 사람들은 "자유! 자유! 우리는 죽음을 두려워하지 않는다!"라고 외쳤다.[7]

죽음을 두려워하지 않는다고? 아, 그건 마음에서부터 실질적인 물질주의자인지, 아니면 '물질'보다 더 위대하고 중요한 것이 있다고 믿는 사람인지를 판단할 수 있는 단 하나의 절대적이고 유효한 시험이다. 우리는 어떤가? 보이지 않는 것을 위해 기꺼이 죽으려던 서구인들이 있었다. 1960년대에 인권을 위해 기꺼이 죽음을 감당했던 흑인들과 또 그와 같은 사람들이 한 예가 된다. 그러나 오늘날 미국에서 개인들이 모인 대중은 헌신과 희생이라는 높은 기준을 더 이상 공유하지 않는다.

1978년, 지미 카터 대통령이 젊은이들을 위해 상정하려던 법률안이 무산되었을 때, 신문에는 프린스턴 대학교 학생들이 "위해서 죽을 만한 가치는 없다(nothing is worth dying for)"라는 포스터를 흔들면서 시위하는 사진이 실렸다.

찰스 콜슨은 《밤에 맞서서: 새로운 어두운 시대에서 살아가기 Against the Night: Living in the New Dark Ages》라는 책에서 이 사진을 언급하며 "위해서 죽을 만한 가치가 없다면, 위해서 살 만한 가치는 있는가?"라고 질문한다.[8] 무언가를 위해 살거나 죽을 만한 가치가 아무것도 없다면, 그렇다면 인간의 주된 목적은 쇼핑몰을 방황하는 것이 될 것이고, 여론조사에 따르면 그런 일은 오늘날의 십대들이 제일 많이 하는 일이다.

솔제니친은 현대 미국인에 대해 언급할 때 이 부분에 있어서 사고능력이 약하다는 것을 이렇게 요약한다. “행복을 성취한 것을 이론적으로 증명하기 위해서, 모든 시민들이 원하던 자유와 물질적인 재산을 양적으로나 질적으로 많이 받았으면서도, [최근] 몇 십 년간 도덕적으로는 열등감을 느끼고 있습니다. … 그렇다면 지금 누가 이 모든 것을 포기하겠습니까? 왜, 그리고 무엇 때문에 공통의 가치를 지키기 위해 자신의 귀중한 생명을 걸겠습니까?”[9]

기독교는 이 문제에 대한 답을 가지고 있다. 그리고 과거의 그리스도인들은 그 답을 알고 있었다. 그것은 “더 좋은 부활을 얻”는 일이고(히 11:35), 이는 옳은 일을 하는 것을 의미한다. 그 일이 하나님을 기쁘시게 하고, 하나님을 기쁘시게 하는 것은 궁극적으로 중요한 일이기 때문이다. 그러나 그렇게 하려면 ‘생각하는’ 그리스도인이 되어야 한다.

각주 ⌘⌘⌘

1. Harry Blamires, *The Christian Mind: How Should a Christian Think?* (Ann Arbor, Mich.: Servant Books, 1978), p. 45. 초판 1963년.
2. John H. Gerstner, “Man as God Made Him” in James M. Boice, ed., *Our Savior God: Man, Christ and the Atonement* (Grand Rapids:

Baker Book House, 1980), p. 20.

3. Francis A. Schaeffer, *He Is There and He Is Not Silent* (Wheaton, Ill.: Tyndale House, 1972). 《거기 계시며 말씀하시는 하나님》, 생명의말씀사.

4. Blamires, *The Christian Mind*, p. 141,

5. Aleksandr Solzhenitsyn, "A World Split Apart," The 1978 Commencement Address at Harvard University, *Harvard Gazette*, June 8, 1978, pp. 17-19.

6. 동유럽에서 일어났던 변화와 관련해서 교회가 감당한 역할은 대부분 간과되었는데, 이 내용의 일부가 〈내셔널 리뷰 National Review〉 1990년 1월 22일자(pp. 22-28), "동유럽은 어떻게 승리했는가: 공산주의 치하 기독교의 재탄생에 대한 보고서"에 기록되어 있다.

7. *Voice of Truth magazine*, Romanian Missionary Society, January-February 1990 issue, p. 2.

8. Charles Colson, *Against the Night: Living in the New Dark Ages* (Ann Arbor, Mich.: Servant Publications, 1989), p. 33.

9. Solzhenitsyn, "A World Split Apart," p. 17.

Chapter 09

우리 자신을 벗어나 생각하라

마음을 새롭게 함으로

평범한 사람은 없습니다. 우리가 대화를 나누는 이들은 그저 죽어서 사라질 존재가 아닙니다. 국가, 문화, 예술, 문명과 같은 것들은 언젠가 사라질 것이며, 그것들의 수명은 우리 개개인에게 비하면 모기의 수명과 다를 바 없습니다. 그러나 우리가 농담을 주고받고, 같이 일하고, 결혼하고, 무시하고, 이용해 먹는 사람들은 불멸의 존재들입니다. 불멸의 소름끼치는 존재가 되거나 영광의 광채가 될 이들입니다.

_C. S. 루이스

8장에서는 네 가지 '주의', 즉 세속주의, 인본주의, 상대주의, 물질주의 중에서 세 가지 주의에 대한 성경적인 해결책으로 하나님과 계시에 대한 교리를 소개했다. 인본주의에 대해서는 자세히 다루지 않았는데, 이제 그 인본주의에 대한 해결책을 다루려고 한다. 인본주의에 대한 해결책은 인간에 대한 기독교 교리다.

세속주의자라면 반드시 도달하게 되는 철학이 바로 인본주의다. 세속주의는 우주로부터 하나님이나 초월적인 것은 모두 배제하고, 지금 볼 수 있고 측정할 수 있는 것에만 초점을 맞춘다. 그러나 이 과정에서 하나님이 배제될 때, 인간 자신이 창조 세계의 절정으로 남게 되고, 인간은 모든 것의 핵심이 되어 버리지만 실제로는 부적당하고 가치 없는 핵심일 뿐이다. 철학에서 이런 관점의 기원을 소크라테스 이전 그리스 철학자인 프로타고라스에서 찾을 수 있다. 프로타고라스는 자신의 관점을 헬라어로 표현했지만 우리에게는 라틴어 개념인 '호모 멘수라(homo mensura)'로 잘 알려져 있고, 이는 '인간, 척도'라는 뜻으로 '인간은 만물의 척도다'라는 말로 표현된다. 이 사상은, 모든 만물을 평가하는 데 인간이 기준(규범)이 된다는 뜻이다.

인간은 최상의 피조물이고, 따라서 궁극적인 권위를 갖는다.

이 사상이 인간을 높이는 것처럼 보이지만, 실제로는 정확히 그 반대다. 그 내용은 6장에서 인본주의를 다룰 때 살펴보았다. 실제로는 인간을 신격화하고, 이 신격화는 결국 인간의 가치를 떨어뜨려서 인간을 동물과 같거나 혹은 동물보다 못한 존재로 만들어버린다. 더구나, 다른 사람을 조종하고, 무시하고, 폄하하고, 상처를 입히고, 미워하고, 학대하고, 심지어는 살인하게 만든다.

'내' 게 무슨 문제가 있다는 거야?

지난 20년 동안, 다른 사람들과 관계를 맺는 방식에서 미국인들에게 끔찍한 변화가 일어났다. 그 일은 주로 지금 말한 왜곡된 인본주의 때문이다. 이전에, 이 나라에 기독교 윤리라는 것이 있었을 때, 사람들은 다른 사람들을 돌보고 도와주었다. 그렇게 하는 것이 자연스러운 일이었다. 오늘날 대다수의 사람들은 자기 자신에만 관심이 있고 다른 사람들에 대해서는 무엇을 얻어낼 수 있을까만 생각한다. 이런 접근방식은 물질주의적이고 실용적이다.

1981년에, 사회학자이자 여론조사자인 다니엘 얀켈로비치 (Daniel Yankelovich)는 1970년대를 연구해서 《새로운 질서 : 거꾸로 된 세상에서 자아 실현을 추구함 *New Rules: Searching for Self-Fulfillment in a World Turned Upside Down*》이라는 제목으로 출간했다. 이 책은 가치관의 시대적 변화, 즉 많은 미국인, 결과적으로는 대부분의 미국인들이 예전처럼 다른 사람을 섬기고 희생하기까지 했던 원리에 따라 살기보다는, 자아 실현을 인생의 궁극적인 목적으로 삼기 시작했다는 사실을 기록했다.[1] 1970년대 후반, 미국인 중 72퍼센트가 자기 자신과 자신의 내적 삶에 대해 생각하는 데 많은 시간을 보낸다고 얀켈로비치는 보고했다.[2] 이런 경향은 널리 퍼져서 이미 1976년에 톰 울프(Tom Wolfe)는 70년대를 "자기 중심주의 시대(Me Decade)"로 명명하고 이것을 제3의 영적 각성에까지 비유했다.[3]

하지만 그게 무슨 잘못이란 말인가? 그건 좋은 일이 아닌가? 자신에 대해 생각하게 되면 행복해지지 않을까? 자아를 실현하는 데 에너지를 사용한다면, 그리고 아주 사소한 욕망을 만족시키기 위해 할 수 있는 대로 많은 돈을 번다면, 자기 삶에 만족하게 되지 않을까? 아니다! 우리가 연구한 바에 의하면 그런 식으로 진행되지 않는다. 개인적인 차원에서도 실패하고, 다른 사람들과 관계를 맺는 부분에서도 실패할 뿐이다.

1978년에, 마가렛 할세이(Margaret Halsey)는 〈뉴스위크〉에 "도대체 나, 나, 나에게 무슨 문제가 있다는 거야?"라는 제목의 기사를 썼다. 훌륭한 기사였고, 정말 한 번에 이해가 되는 제목이었다. 할세이는 70년대 사람들을 '나(me)' 세대로 규정한 울프(Wolfe)의 표현을 인용했다. 이 세대 사람들은 "아무리 매력 없는 사람이라 해도, 모든 사람은 영광스럽고, 재능 있고, 대단히 훌륭한 성품을 가지고 있기 때문에, 다른 사람에 대한 예의, 협력, 배려를 잊지 않고 자기가 하고 싶은 것을 할 수만 있다면, 그 성품은 가장 훌륭하게 드러날 것이다"[4]라고 믿는다.

문제가 되는 것은, 할세이가 말한 것처럼 모든 사람 안에(최소한 대부분의 사람들 안에서라도) 매력적인 특성이 없다는 것이 아니라, 인간의 본질이 훨씬 더 근본적으로 '제멋대로 구는 원초적인 요소의 덩어리'로 구성되어 있어서 '자아 발견'을 망치고 있다는 사실이다. 이러한 제멋대로인 요소들은 극복해야 할 대상이지 탐닉해야 할 대상이 아니다. 그리고 우리가 정말로 찾고 있는 매력적인 성품은 이미 존재하는 것이 아니라, 선택과 힘든 노력과 다른 사람에 대한 지속적인 헌신을 통해 **개발되어야만** 하는 본질이라는 뜻이기도 하다. "도대체 나에게 무슨 문제가 있다는 거야?"라고 물을 때, 문제는 바로 그 "나, 나, 나(me, me, me)"이다.

자아 발견을 강조하면 다른 사람들과의 관계에도 영향을 미친다. 인본주의가 약속하는 것과는 달리, 인본주의는 이 세상을 비인격적으로 만들고 있기 때문이다. 찰스 라이히(Charles Reich)는 베스트셀러인 《의식 혁명 *The Greening of America*》에서 이렇게 썼다.

"현대 생활은 위치, 지역적 특성, 이웃을 말살시켰고 우리들의 생존을 각기 분리시켜 무명(無名)의 것으로 만들었다. 가장 기본적인 사회 조직인 가족은 무자비하게 벗겨져서 그 기능적 요소만이 남게 되었다. 우정은 사람들이 자기에게 부과된 역할에 충실하려고 함에 따라, 침투할 수 없는 인공적인 층으로 덮이게 되었다. 약정서, 경쟁, 적대감, 공포 등이 적대적인 우주로부터 인간을 지켜주는 애정권(愛情圈)의 따뜻함을 대신하게 되었다." 그는 "미국은 거대하고 가공할 반공동체(anti-community)다"라고 말했다.[5]

인간에 대한 기독교 교리

이 문제에 대한 기독교의 해결책은 인간에 대한 성경적인 교리다. 이 영역에서 마음을 새롭게 하려면, 세상이 사람과 세상 자체를 바라보는 세속적인 사고방식으로 우리 자신과 다른 사람을 생각하지 말고 성경적인 틀 안에서 생각하기 시작해야 한다는 뜻이다.

이건 무슨 뜻인가? 인간에 대해 성경이 말하는 내용을 찾아보면, 놀라운 사실 두 가지를 발견한다. 첫째로, 성경에 의하면 인본주의자들이 생각하는 것보다, 인간은 훨씬 더 중요하고 귀중한 존재다. 인간은 유일무이하게 귀중한 존재다. 하지만 둘째로, 인간의 타락한 상태에 대해서는, 인본주의자들이 생각하는 것보다 훨씬 심각하다.

우선 인본주의자들이 상상하는 것보다 인간이 훨씬 더 귀중한 존재라는 사실을 살펴보자. 성경은 하나님이 "우리의 형상을 따라 우리의 모양대로 우리가 사람을 만들고"(창 1:26)라고 말씀하신 것을 기록함으로써, 창세기의 첫 부분에서 인간이 귀중한 존재임을 가르친다. 그 다음에는 "하나님이 자기 형상 곧 하나님의 형상대로 사람을 창조하시되 남자와 여자를 창조하시고"(27절)라고 말씀한다.

고대 시대에는 책의 사본을 만들 때 글씨를 손으로 직접 써 넣었다. 조판이 없었기 때문에 이탤릭체, 대문자, 볼드체, 중심에 맞춘 제목 등으로 생각을 강조하는 방법을 쓸 수 없었다. 대신에, 반복하는 방법을 사용했다. 예를 들어, 예수님은 특히 중요한 것을 강조하실 때 "진실로, 진실로"라고 반복하시면서 말씀을 시작하셨다. 창세기 1장에서도 똑같은 용법을 볼 수 있는데, "우리의 형상을 따라", "우리의 모양대로", "하나님의 형상대로"가 반복된다. 이 구절이 세 번이나 반복되는데, 이는 우리가 하나님의 형상대로 창조된 것이 중요하다는 것을 말씀하시는 방식이다. 이 때문에 우리는 동물과 구별되고, 우리는 이를 매우 가치 있게 여겨야 한다.

창세기를 몇 장만 넘겨도, 사람이 하나님의 형상대로 지음 받았다는 사실이 왜 다른 사람을 살인하면 안 되는지에 대한 이유, 왜 살인자가 죽음으로 벌을 받는지에 대한 이유로 제시된다. 그 사실을 가볍게 여기고 다른 사람의 생명의 가치를 폄하했기 때문이다. "다른 사람의 피를 흘리면 그 사람의 피도 흘릴 것이니 이는 하나님이 자기 형상대로 사람을 지으셨음이니라"(창 9:6).

하나님의 형상대로 지어졌다는 것은 무슨 의미인가? 수세기 동안 성경학자들은 이 말의 온전한 의미를 두고 논쟁해 왔는데, 하나님의 형상대로 지어졌다는 말은 하나님과 같다는 의미이고, 하나님은 우리를 훨씬 초월하고 우리가 이해할 수 있는 범위를 훨씬 넘어서는 분이라는 것을 생각할 때, 그런 논쟁은 이상한 일이 아니다. 그러나 희망이 없는 것은 아니다. 우리가 생각해 볼 수 있는 몇 가지 사항이 있다.

1. **인격**(Personality) : 하나님의 형상대로 지어졌다는 것은, 하나님은 갖고 계시지만 동물이나 식물, 무기물은 갖고 있지 않은 어떤 특성을 갖고 있다는 뜻이다. 여기에는 지식, 기억, 감정, 의지가 포함된다. 물론, 어떤 의미에서는 동물도 개성이라고 할 만한 것을 가지고 있는데, 이는 같은 종 안에서도 다른 동물과 다른 행동 유형을 갖는다는 의미다. 하지만 동물은 창

조할 수 있는 능력이 없다. 동물은 사랑하거나 예배하지 않는다. 내가 지금 여기서 말하는 인격(개성)은 인간을 하나님과 연결하는 그 무엇이며, 하나님이나 인간을 다른 피조물과 연결하는 것을 뜻하는 말이 아니다.

2. 도덕성(Morality) : 하나님의 형상대로 지어졌다는 사실의 두 번째 측면은 도덕성이다. 하나님은 도덕적인 하나님이고, 그래서 하나님의 형상대로 지어진 사람이라면 누구나 옳은 것과 그른 것, 선한 것과 악한 것을 구별할 줄 아는 능력을 가지고 있다. 더 나아가 자유와 책임감이라는 요소도 포함된다. 분명히, 인간의 자유는 하나님의 자유만큼 절대적이지는 않다. 우리는 모든 것을 자유롭게 다 할 수 없다. 우리는 제한을 받는다. 그럼에도 불구하고, 우리의 자유는 참된 자유이며, 그 자유를 잘못 사용할 때조차도 그렇다. 아담과 하와는 죄를 범했을 때 그들의 자유를 잘못 사용한 것이다. 그 결과 그들은 원래의 의로움을 잃어버렸다. 하지만 그들은 계속해서 자유롭게 죄를 지었고, 여전히 옳은 선택과 그른 선택을 할 수 있다는 의미에서 죄된 상태에서도 자유를 가지고 있었다. 그 선택에 대한 책

임도 계속해서 감당했다.

3. 영성(Spirituality) : 하나님의 형상대로 지어졌다는 사실의 세 번째 측면은 영성인데, 이는 인간이 하나님과 교제할 수 있다는 것을 의미한다. 다시 말하면, "하나님은 영"(요 4:24)이시라는 것과 우리도 하나님과 영원히 교제하도록 되어 있는 영적인 존재라는 것이다. 인간에게 이보다 중요한 일은 있을 수 없고, 웨스트민스터 소요리 문답의 첫 번째 질문에 대한 "사람의 제일된 목적은 하나님을 영화롭게 하는 것과 영원히 그를 즐거워하는 것이다"라는 대답은 이를 잘 표현한다.

아마도 이 지점에서 왜 세속적인 인본주의가 나쁜 것인지, 그리고 기독교에 비해서 '덜 매력적인' 선택에 불과한 것인지를 알 수 있을 것이다. 인본주의가 사람과 사람을 승격시키는 일에 초점을 맞추는 것처럼 보이지만, 실제로는 인간의 본질 중에서 가장 귀중한 핵심을 배제한다. 인격에 관해서는, 지그문트 프로이트가 그랬던 것처럼, 인본주의는 인간을 단지 동물적인 욕구를 가진 존재로 낮춰버렸다. 도덕성에 관해서는 책임감 있는 도덕적인 존재가 아니라, ― 그것이 우리에게는 영광이지만 ― 행동주의 심리학자인 B. F. 스키너가 주장한 것처럼, 인간은 환경과 (또는) 유전적인 구성의 산물일 뿐이다. 영성에 관해서는, 하나님이 계시지 않고 우리가 만물의 척도라면 어떻게 하나님과의 관계를 유지할 수 있겠는가?

알렉산드로 솔제니친을 다시 언급하면, 인본주의에서는 "더 고결하고, 더 따뜻하고, 더 순전한 것"이 "현대 대중의 생활 습관과 텔레비전으로 인한 혼미 상태"에 의해 익사당하고 있다. 우리는 마음을 사로잡는 텔레비전 비디오나 광고를 만들 수는 있지만, 더 이상 교회는 세우지 않는다.

타락의 교리

그렇다면 무엇이 문제인가? 인본주의자가 생각할 수 있는 것보다 인간이 훨씬 더 중요하고 귀중하다면, 세상에서 인간의 상태가 그렇게 나쁜 이유는 무엇인가? 그 대답은 죄에 대한 기독교 교리이며, 이는 세속주의자들이 상상하는 것보다 인간이 훨씬 귀중한 존재임에도 불구하고, 인본주의자들이 인정할 수 있는 것보다 인간이 더 심각한 어려움에 처해 있다는 사실을 말해준다. 우리는 하나님의 형상대로 지어졌지만 그 형상을 잃어버렸고, 이 사실은 우리가 더 이상 온전한 인간 혹은 하나님이 의도하셨던 인간이 아니라는 것을 의미한다. 우리는 타락한 피조물이다.

여기서 시편 8편을 생각해 볼 수 있는데, 이 시편은 "여호와 우리 주여 주의 이름이 온 땅에 어찌 그리 아름다운지요"(1, 9절)라는 구절로 시작하고 끝을 맺는다. 그 중간에는 창조된 순서가 있다. 그래서 이 시편의 처음과 끝은, 모든 것이 인간이 아닌 하나님으로 시작해서 하나님으로 끝난다는 사실, 그리고 우리가 잘 생각해보면 이에 동의할 것이라는 사실을 가르쳐준다.

3~7절에서는 사람을 구체적으로 설명한다.

주의 손가락으로 만드신 주의 하늘과

주께서 베풀어 두신 달과 별들을 내가 보오니

사람이 무엇이기에 주께서 그를 생각하시며

인자가 무엇이기에 주께서 그를 돌보시나이까

그를 하나님(또는 천사)보다 조금 못하게 하시고

영화와 존귀로 관을 씌우셨나이다

주의 손으로 만드신 것을 다스리게 하시고

만물을 그의 발 아래 두셨으니

곧 모든 소와 양과 들짐승이며

이 말씀은 창조 순서에서 사람을 매우 흥미로운 자리에 배치한다. 사람은 천사(천국의 존재)보다는 조금 낮고 동물보다는 약간 높은, 즉 그 사이 어딘가에 배치된다. 토마스 아퀴나스는 이 사실을 깨닫고 사람을 중재하는 존재로 설명했다. 사람은 영을 가지고 있다는 점에서는 천사와 비슷하다. 하지만 몸을 가졌다는 점에서는 동물과 비슷하다. 천사는 영을 가졌지만 몸이 없고, 반면에 동물은 몸은 가졌지만 영혼이 없다.

이것이 바로 요점이다. 사람은 천사와 동물 사이 어느 지점엔가 창조되고 중재하는 존재이지만, 시편 8편에서는 동물보다 약간 높은 존재이기보다는 천사보다 약간 못한 존재로 묘사된다. 이는 사람은 아래로 동물을 내려다보는 것이 아니라 위로 천사를 보고 그 너머로 하나님을 바라보고 계속해서 하나님을 닮아가도록 되어 있다는 것을 의미한다. 그러나 세속주의가 그러는 것처럼, 우리가 위를 보지 않는다면, 우리가 하나님을 거절한다면, 우리는 필연적으로 아래에 있는 피조물을 내려다보게 되고 그들처럼 행동하게 될 것이다. 우리는 동물처럼 될 것인데, 이것이 바로 우리 사회에서 일어나고 있는 일이다. 사람들은 동물처럼 행동하고 있으며 동물보다 심할 때도 있다.

지난 몇 십 년간, 사람은 결국 '그저 동물'에 불과할 뿐이라는 생각에 근거해서 인간의 나쁜 행동을 정당화하는 경향이 있음을 나는 주목하고 있다. 과학 잡지에서 어떤 오리 종류에 대한 기사를 본 적이 있다. 두 명의 과학자가 이 오리 가족을 관찰했는데, 오리 가족 안에 소위 '윤간'과 같은 것이 있다고 보고했다. 과학자들이 그런 비교를 함으로써 인간 사회에서 일어나는 이런 범죄를 너그러이 봐주려고 했다고는 생각지 않는다. 하지만 동물 사회를 고려해보면 인간들 사이에서의 윤간을 최소한 이해는 할 수 있다고 넌지시 말하는 듯하다. 이런 추론은 그들이 채택한 진화론적인, 자연주의적인 관점에서 비롯된다.

이와 유사한 이야기가 〈뉴스위크〉 1982년 9월 6일자에 실렸다. 어른 비비가 죽은 아기 비비를 안고 있는 사진이 실렸는데, "생물학자에 의하면, 영아 살해는 성 욕구만큼 자연스러우며 인간을 포함해서 대부분의 동물이 하고 있는 일이다"라는 기사가 실려 있었다. 칼 세이건이 "우주란 현재 있거나, 과거에 있었거나, 앞으로 있을 것, 그것이 전부다"라고 말한 것처럼 그 기사는 그 나름대로 깊은 뜻을 가지고 있다. 그 기사는 인간을 동물과 동일시하고, 그런 동일시에 근거하여 인간의 행동을 정당화하다. 그 논리의 흐름을 이렇다. ⑴ 사람은 동물이다. ⑵ 동물은 자신의 새끼를 죽인다. ⑶ 그러므로 인간이 그들의 자식을 죽이는 것은 괜찮다(최소한 이해할 수는 있다).

물론 그 주장은 틀렸다. 대부분의 동물은 자기 새끼를 죽이지 않는다. 자기 새끼를 보호하고 돌본다. 그러나 어쩌다가 어떤 동물이 자기 새끼를 죽인다 해도, 인간이 저지르는 범죄와는 비교도 할 수 없다. 이 나라에서만 낙태로 해마다 150만 명 이상의 아기를 죽이고 있다. 이는 대개 엄마의 편의 때문에 일어나는 일이다. 그리고 어린이 학대와 살인 발생 건수가 급증하고 있다.

잡지 〈디스커버〉 1992년 6월호에도 비슷한 기사가 실렸다. "사랑이 그것과 무슨 상관이야?"라는 제목인데, 유인원과 비슷한 종으로 매우 희귀한 종(種)인 난쟁이침팬지간에 일어나는 동성애 등 다양한 성 행위를 설명한 기사다. "성은 재미있다. 성 행위 때문에 그들의 기분이 좋아지고 무리가 통합된다"라는 부제가 붙어 있다. 분명한 메시지는, 다양한 성적 경험이 난쟁이침팬지에게 좋은 것이라면, "성 행위 때문에 그들의 기분이 좋아지고 무리가 통합된다"면, 그것은 인간에게도 좋은 일임에 분명하다는 것이다. "전쟁이 아닌, 사랑을 하라!"가 그 기사가 제시하는 교훈이다.

성 해방운동을 지지하면서, 우리 사회에 성 범죄가 증가하고 있다는 사실에는 신경 쓰지 말라. 난쟁이침팬지의 행동이 동물 세계에서조차 전혀 일반적이지 않다는 사실에도 신경 쓰지 말라.

구원의 교리

우리의 마음을 새롭게 하는 일은 위대한 기독교 교리를 이해하고 적용하는 일로 시작된다. 그래서 지금까지 그 교리 중 네 가지, 하나님, 계시, 사람, 타락의 교리를 살펴보았다. 이 교리가 전부는 아니지만 매우 중요한 교리이며, "마음을 새롭게 함으로 변화를 받아"라는 말씀으로 바울이 주장하는 내용을 진지하게 받아들인다면, 이 교리는 올바른 사고방식을 갖기 위해 가장 적절한 출발점이기도 하다.

그러나 언급해야 할 교리가 하나 더 있는데, 이 교리가 없이는 앞에서 공부한 어떤 교리도 완전하지 않다. 이는 바로 구원의 교리다.

구원은 "하나님이 세상을 이처럼 사랑하사 독생자를 주셨으니 이는 그를 믿는 자마다 멸망하지 않고 영생을 얻게 하려 하심이라"(요 3:16)는 것을 의미하며, 인본주의자들이 가정할 수 있는 것보다 훨씬 더 악한 존재인 동시에, 인본주의자들이 상상할 수 있는 것보다 훨씬 더 귀중한 존재로서의 인간에 대해 지금까지 말한 모든 내용을 가장 강력하게 표현한다.

구원의 교리는 인간의 가치를 최고로 높인다. 이 교리는 인간이 타락한 상태에서조차, 인간이 하나님을 미워하고 자신의 동료들을 죽이는 상황에서도, 하나님은 여전히 인간을 가장 귀하게 여기셔서 인간을 구원하기 위해 그분의 귀한 아들의 죽음을 계획하시고 실행하셨음을 가르치기 때문이다.

동시에 구원의 교리는 사람의 상태가 형언할 수 없을 정도로 최악이라는 사실을 말해준다. 구원의 완성이 오직 하나님의 아들의 죽음으로만 가능하기 때문이다.

위대한 기독교 학자이자 변증학자인 C. S. 루이스의 글 중에서 내가 가장 훌륭하다고 생각하는 부분을 인용하면서 이번 장을 끝맺고자 한다. 루이스가 1941년 여름에 설교한 내용인데, 우리에게는 "영광의 무게(The Weight of Glory)"[6]라는 제목의 에세이로 잘 알려져 있다. 루이스는 영광의 의미를 면밀히 연구하면서, '영광'이란 우리가 사모하는 하나님의 본질과 같은 것이라고 깨닫는다. 그 영광은 "자연적인 행복으로는 만족시킬 수 없는" 어떤 것이다. 동시에 죄악된 상태에 있는 우리에게는 차단된 것이기도 하다. 우리는 그 영광을 원한다. 우리는 그 영광을 얻도록 운명 지어진 존재임을 깨닫는다. 그러나 그 영광은 우리에게서 너무나 멀다. 하나님이 우리를 구원하시고 우리로 하나님을 닮게 하기 위해 행하신 일이 없었다면 말이다.

에세이의 마지막 부분에서, 루이스는 이 사실을 다른 사람에 대해 어떻게 생각해야 하는지에 대해 적용한다. 우리는 사람들이 영광, 즉 최고이며 형언할 수 없는 축복 속으로 들어가고 있는 중이든지, 그렇지 않으면 그 영광으로부터 영원히 차단되고 있는 중이라는 것을 이해해야 한다. 루이스는 이렇게 말한다.

신이나 여신이 될 수 있는 사람들과 어울려 산다는 것은 보통 일이 아닙니다. 우리가 만나는 더없이 우둔하고 지루한 사람이라도 언젠가 둘 중 하나가 될 것입니다. 미래의 그 모습을 우리가 볼 수 있다면 당장에라도 무릎 꿇고 경배하고 싶어질 존재가 되거나, 지금으로선 악몽에서나 만날 만한 소름끼치고 타락한 존재가 되거나. … **평범한** 사람은 없습니다. 우리가 대화를 나누는 이들은 그저 죽어서 사라질 존재가 아닙니다. 국가, 문화, 예술, 문명과 같은 것들은 언젠가 사라질 것이며, 그것들의 수명은 우리 개개인에게 비하면 모기의 수명과 다를 바 없습니다. 그러나 우리가 농담을 주고받고, 같이 일하고, 결혼하고, 무시하고, 이용해 먹는 사람들은 불멸의 존재들입니다. 불멸의 소름끼치는 존재가 되거나 영광의 광채가 될 이들입니다.[7]

이 에세이에서 루이스가 주장한 것은 내가 이번 장에서 논의한 내용, 즉 우리가 다른 사람을 기독교적으로 어떻게 생각할 것인가를 아는 데 도움이 된다. 그리고 루이스의 결론은, 우리가 성경의 방식대로 사람들을 생각하는 법을 배운다면 훨씬 더 사람들을 잘 대할 수 있다는 것이다.

각주 ⌘⌘⌘

1. Daniel Yankelovich, *New Rules: Searching for Self-Fulfillment in a World Turned Upside Down* (New York: Random House, 1981), pp. 10, 11.
2. Ibid., p. 5.
3. Tom Wolfe, "The 'Me Decade' and the Third Great Awakening," *New York* magazine, August 23, 1976, pp. 26-40.
4. *Newsweek*, April 17, 1978, p. 25.
5. Charles Reich, *The Greening of America: The Coming of a New Consciousness and the Rebirth of a Future* (New York: Bantam Books, 1971), p. 7. 《의식 혁명》, 문예출판사.
6. C. S. Lewis, "The Weight of Glory" in *The Weight of Glory and Other Addresses* (New York: Macmillan/ Collier Books, 1980). 《영광의 무게》, 홍성사.
7. Ibid., pp. 18, 19.

Chapter 10

확인하라

하나님의 선하시고 기뻐하시고 온전하신 뜻

세상의 방식에 대해서는, 노력하면 할수록 그것이 만족
스럽다는 것을 깨닫지 못하는 경우가 더 많을 것이다.
… 하나님의 뜻에 대해서는 그와 정반대다. 시작할 때는
최악인 것처럼 보일 때도 있다. 어렵고 어두워 보이는
것 같다. 그러나 계속하라! 계속해서 하나님의 뜻을 입증
해 나가라! 끈기 있게, 인내심을 가지고, 기도하면서 고
통스럽게 그 뜻을 입증하라. 그러면 점점 더 분명해지고,
밝아지고, 확대되고, 기쁨이 커질 것이다.

_로버트 S. 캔들리쉬

얼마 전에, 국제 라디오 방송의 바이블 스터디 아워(The Bible Study Hour) 직원이 여섯 가지 중요한 영역, 즉 하나님, 인간, 성경, 돈, 섹스, 성공에 대한 세상의 사고방식과 성경의 가르침을 비교하는 책자를 준비했다. 그 차이점은 충격적이었는데, 가장 인상적이었던 것은, 비판적으로 그리고 성경적인 방식으로 생각하지 않는다면 세상의 많은 가치관이 정말 옳은 것으로 보일 수도 있다는 점이었다. 그 이유는 세상적인 가치관을 너무 자주, 너무 매력적인 것으로, 너무 설득력 있게, 특히 텔레비전을 통해서 듣고 있기 때문이다.

그 책에 소개된 '세상'의 주장을 몇 가지만 살펴보자.

"내가 가장 중요하고, 세상은 나를 섬기기 위해 존재한다. 나를 만족시키는 것이라면 무엇이든지 중요하다."

"많은 돈을 번다면 행복해질 것이다. 내 자신과 가족의 안전을 보장하기 위해서는 돈이 필요하다. 재정적으로 안정되어 있으면 어려움을 당하지 않을 것이다."

"다른 사람에게 피해만 주지 않으면 무엇이든 용인될 수 있다."

"성공은 명성, 부, 쾌락, 권력으로 가는 길이다. 최고만을 추구하라."

기독교 사고방식으로는 어떠한가? 세상적인 관점으로 볼 때, 기독교 사고방식은 매력적이지도 않고 옳은 것처럼 보이지도 않는다. 기독교 사고방식은 이렇게 말한다. "하나님은 모든 것을 통제하고 계시며, 일어나는 모든 일에 목적을 가지고 계신다. … 사람은 하나님께 영광을 돌리기 위해 존재한다. … 돈은 비통함, 실패, 죄악, 질병, 또는 재난에서 우리를 보호해주지 못한다. … 하나님 나라에서 성공은 겸손과 다른 사람에 대한 섬김을 의미한다." 우리 자신의 많은 부분이 세상적이고 예수 그리스도를 닮은 부분은 적기 때문에, 그리스도인들조차도 하나님의 방법에 매력을 느끼지 못한다. 그럼에도 불구하고, 우리는 그 길로 계속 나아가야 하며 하나님의 뜻이 모든 일에 있어서 진실로 '선하시고 기뻐하시고 온전하신' 것임을 우리 삶으로 확인해야 한다.

세상의 방식을 따라가지 말고 우리 마음을 새롭게 함으로 변화를 받으라고 말하는 바울의 주장이 이렇게 끝맺는 것은 매우 중요한 의미가 있다. 하나님의 방법이 가장 좋은 길이고, 하나님의 뜻이 온전하다는 것을 확인하면서 이 말씀은 끝이 난다.

이 말씀은 행동이 필요하다는 의미다. 이를 다르게 말한다면, 하나님은 온실이나 상아탑에 갇힌 그리스도인들을 원하지 않으신다. 하나님은 의식 있는 선택과 의도적인 순종으로 하나님의 방법이 지닌 가치를 입증할 사람을 원하신다.

스코틀랜드 목회자인 로버트 캔들리쉬는 20세기 최고의 주석가 중 한 사람이다. 그는 로마서 12장 주석을 썼는데, 그 책에서 이 점을 잘 지적했다.

신자가 마음을 새롭게 함으로 변화되는 것은, 성령님이 거듭나게 하시고 새롭게 하시는 사역을 통해 추구하는 궁극적인 목적이 아니다. 어떤 의미에서 그것은 그 사역의 즉각적이고 일차적인 역사다. 우리는 그리스도 예수 안에서 새롭게 창조되었다. 그 새로운 피조물은 성령이 가장 우선적으로 목표로 삼은 것이며 가장 첫 번째 결과물이다. 그러나 "우리는 그가 만드신 바라 그리스도 예수 안에서 선한 일을 위하여 지으심을 받은 자니 이 일은 하나님이 전에 예비하사 우리로 그 가운데서 행하게 하려 하심이니라"(엡 2:10)고 말씀한다. 선한 일의 핵심은 하나님의 뜻을 행하는 것이다. 그러므로 하나님의 뜻을 입증하는 것은 "마음을 새롭게 함으로 변화를 받는 것"에 합당한 결과다.[1]

하나님은 우리 각자에 대한 뜻을 갖고 계신다

로마서 12장 1~2절의 이 마지막 부분은 요점이 분명하기 때문에 이해하기가 어렵지 않다. 첫 번째 요점은 하나님은 우리 각자에게 선하시고 기뻐하시고 온전하신 뜻을 갖고 계신다는 것이다. 그렇지 않다면, 그 뜻이 어떤 것인지 우리가 어떻게 시험하고 인정할 수 있겠는가?

그러나 여기에는 몇 가지 설명이 필요하다. 오늘날 그리스도인들은 하나님의 뜻을 발견해야 한다고 하면, 대개 자기 삶에 대한 구체적인 지침 — 누구와 결혼해야 하는지, 어떤 직업을 가져야 하는지, 선교사가 될 것인지 말 것인지, 어떤 집을 사야 하는지 등등 — 을 하나님이 어떻게든 보여 주실 때까지 기도하는 것을 생각한다. 이것은 하나님의 뜻을 분별한다는 것의 의미가 아니며, 로마서 12장 2절이 가르치는 내용도 아니다. 하나님의 뜻은 그보다 훨씬 더 중요하다.

멀트노마 성경학교(Multnomah School of the Bible)의 게리 프리슨(Garry Friesen) 교수와 오레곤 클라매스의 로빈 맥슨(J. Robin Maxon) 목사는 하나님의 뜻을 아는 것을 주제로 매우 좋은 책을 썼는데, 《하나님의 뜻과 자유의지 *Decision Making & the Will of God*》라는 책이다.[2] 이 책에서는 '뜻'이라는 단어를 세 가지 의미로 구분한다. 첫 번째는 하나님의 '주권적인 뜻'인데, 이 뜻은 감추어져 있으며 역사 속에서 드러날 때를 제외하고는 우리에게 계시되지 않는다. 두 번째는 하나님의 '윤리적인 뜻'인데, 이는 성경에 드러나 있다. 그리고 세 번째는 하나님의 '개인을 향한 구체적인 뜻'인데, 이는 사람들이 하나님의 뜻을 찾거나 발견한다고 말할 때 흔히 생각하는 것이다. 저자들은 처음 두 가지 '뜻'은 당연히 인정한다. 하지만 하나님이 개인의 삶에 구체적인 뜻을 가지고 있다는 것과 그 뜻을 찾고 '그 뜻 안에서 살아가는 것'이 개인의 의무라는 생각에 대해서는 동의하지 않는다.

내 판단으로, 이 책은 일부 그리스도인들로 하여금 거의 정상적인 생활을 못하게 만드는 많은 심리적 장애물을 제거하는 데 유익하다. 이 책은 하나님의 인도하심을 분별하는 주관적인 방법이 갖는 약점을 예리하게 드러낸다. 이 책의 핵심은 모든 윤리적인 문제에 대해서는 성경에 충분히 말씀되어 있다는 사실을 강조한 것이다. 하지만 하나님이 우리에 대한 구체적인 (대개 숨겨져 있음에도 불구하고) 뜻을 가지고 계시고 구체적인 상황에서 하나님이 보여 주시는 뜻을 깨달을 때도 있다는 사실을 인정하지 않는 부분에 대해서는, 나는 판단을 유보하고 있다.

우리는 그 구체적인 뜻이 무엇인지 모를 수도 있다.

우리는 그 뜻을 '찾아야' 한다는 압박감을 가질 필요가 없다. 그 뜻을 놓친다면, 왠지 하나님의 뜻을 벗어난 삶을 살게 될 것이라든지 아니면 하나님의 '차선'에 따른 삶을 살 수밖에 없을 것이라고 두려워하면서 말이다.

우리에게 있는 빛과 지혜에 근거해서 자유롭게 결정할 수 있다.

그럼에도 불구하고, 하나님이 우리를 위해 온전한 뜻을 가지고 계신다는 것, 성령이 그 뜻에 따라 우리를 위해 기도하신다는 것, 그리고 우리를 향한 하나님의 뜻은 이루어질 것임을 우리는 알 수 있다. 하나님이 그 뜻을 결정하셨고, 이 부분에서 성령이 우리를 위해 기도하고 계시기 때문이다.

이제 한 가지 덧붙일 말만 남았다. 하나님의 뜻에 대해 말할 때 이것이 로마서 12장 2절이 말씀하는 주된 내용이 아니라는 것이다. 이 구절에서 '뜻'은 그 문맥에서 해석되어야 하고, 그 문맥으로 보면, 우리가 따라야 하는 하나님의 뜻은 우리 몸을 하나님께 산 제물로 드리고, 이 세상의 방식을 따르기를 거절하고, 그 대신에 우리 마음을 새롭게 함으로 내면에서부터 변화되어야 한다는 일반적인 뜻이기 때문이다. 우리는 이 뜻을 추구해야 하고 그래서 그 뜻이 선하시고 기뻐하시고 온전하신 뜻임을 깨달아야 한다. 물론 그렇게 행한다면, 우리가 우리 삶을 향한 하나님의 구체적인 뜻까지도 세밀하게 행하고 있음을 깨닫게 될 것이다.

선하시고, 기뻐하시고, 온전하신

로마서 12장 2절의 끝부분에 있어서 두 번째 분명한 요점은 하나님의 뜻은 "선하시고 기뻐하시고 온전하신" 뜻이라는 것이다. 다시 말해서, 하나님이 뜻을 갖고 계신다는 사실과 더불어 하나님의 뜻이 무엇인지에 대해 가르치고 있다.

1. **하나님의 뜻은 선하시다.** 일반적으로, 모든 그리스도인 — 그가 어떤 사람인지에 상관없이 — 을 향한 하나님의 뜻은 성경에 나타나 있다. 로마서 8장은 이 계획을 폭넓게 표현하고 있는데, 즉 우리가 죄에 대한 하나님의 심판에서 구원받을 것이며 점점 더 예수 그리스도를 닮아가게 된다는 내용이다. 이 계획에 포함되는 중요한 다섯 단계는 구체적으로, (1) 예지, (2) 예정, (3) 유효적 소명, (4) 칭의, (5) 성화이다(29~30절).

하지만 구체적인 내용도 많이 있다.

십계명에는 이중 일부가 포함되어 있다. 하나님 앞에 다른 신을 두지 말라, 우상을 만들어 절하지 말라, 하나님의 이름을 망령되이 일컫지 말라, 안식일을 기억하여 거룩하게 지키라, 부모를 공경하라, 살인하거나 간음하거나 도둑질을 하거나 거짓 증언을 하거나 탐욕을 갖지 말라(출 20:3~17 참조)는 것은 하나님의 뜻이다. 주 예수 그리스도는 이 계명의 많은 부분을 상세히 설명하시고 다른 계명도 말씀하셨는데, 무엇보다도 "서로 사랑하라"고 말씀하셨다(요 15:12 참조).

우리가 거룩해야 하는 것은 하나님의 뜻이다(살전 4:3).

우리가 기도해야 하는 것은 하나님의 뜻이다(살전 5:17).

이러한 명령이 우리에게 호소력을 갖지 못할 때가 있는데, 우리의 생각과 마음이 때로 하나님을 떠나 있고 세상의 방식대로 생각하기 때문이다. 그럼에도 불구하고, 이 부분에서 하나님께 순종하고 하나님의 뜻을 실천한다면 그 명령이 '선하신' 것임을 알게 될 것이다. 훌륭한 로마서 주석가인 로버트 홀데인은 이렇게 말한다. "하나님의 뜻은 선하다. 아무리 사람이 그 뜻에 반대한다고 해도, 하나님의 뜻이 우리의 기쁨과 즐거움을 빼앗아간다고 생각할지라도, 하나님께 순종할 때 우리는 행복해지기 때문이다."[3]

2. 하나님의 뜻은 기뻐하신다. 누구를 기쁘게 하는 뜻인가? 물론 하나님은 아니다. 그것은 분명하다. 하나님의 뜻으로 인해 하나님이 기뻐하시는지를 우리는 분별할 필요가 없고 그렇게 할 수도 없다. 바울이 하나님의 뜻이 기쁜 뜻인지를 분별하라고 권면할 때는, 분명히 하나님의 뜻이 우리를 기쁘게 하는 것임을 의미했다. 우리가 이 세상을 따르기를 거부하고 그 대신에 마음을 새롭게 함으로 변화를 받아 하나님의 방법대로 행하기로 결단한다면, 인생의 마지막에 뒤를 돌아보면서 우리 인

생이 완전히 헛된 것이라고 불만족스러워하거나 비통해 할 걱정이 없다는 것이다. 그와는 반대로, 뒤를 돌아보면서 우리 인생이 가치 있었고 만족스러운 삶을 살았다고 결론 내리게 될 것이다.

어머니의 임종을 앞두고 있는 한 그리스도인과 이야기해본 적이 있다. 그 어머니는 그리스도인이 아니었다. 그녀는 병에 걸리기 전에는 전혀 그런 사람이 아니었는데 지금 굉장히 억울해하고 있었다. 자녀들이나 모든 사람이 그녀를 도와주려고 정말 애쓰고 있었지만 그녀는 사람들이 모두 자신에게 등을 돌렸다고 생각할 뿐이다. 그 그리스도인은 내게 말했다. "그리스도인과 불신자가 임종을 대하는 모습은 전혀 다릅니다. 그리스도인이 아닌 사람들은 자기 삶이 질병과 고통으로 끝나는 것이 부당하다고 느끼고, 헛된 삶을 살았다고 생각합니다. 그리스도인은 하나님이 인도해주신 삶과 그들에게 행하신 일에 만족합니다. 그리스도인으로 죽는 것이 축복입니다."

나는 그 말이 정말 옳다고 생각한다. 바울이 말한 것도 바로 그것이다.

3. **하나님의 뜻은 온전하시다.** 많은 헬라어 단어가 'perfect(온전한)'이라는 영어 단어로 번역되었다. 하나는 '아크리보스(akribôs)'인데, 이 단어에서 '정확한(correct)'이라는 뜻의 'accurate(정확한)'라는 단어가 나왔다. 또 다른 단어는 '카타르티조(katartizô)'인데, 이 단어는 마치 퍼즐을 맞출 때처럼 구체적인 목적에 '잘 맞는(well fitted)'이라는 뜻이다. 로마서 12장 2절에 있는 단어는 '텔레이오스(teleios)'인데, 이는 온전한 목적을 이루었거나 '완전한(complete)' 무엇인가를 의미한다. 성숙한 사람, 성숙한 어른에게 쓸 수 있는 말이다. 완전한 혹은 온전한 사람이 되셨던 예수님께도 사용되었다. 역사의 종말에도 사용된다. 로마서 12장 2절에서 이 단어는, 하나님의 뜻을 행하는 사람들은 하나님의 뜻이 어떤 면에서든 부족함이 없다는 것을 깨닫는다는 뜻으로 사용되었다. 하나님의 뜻은 만족스러울 정도로 온전하다.

이것을 부정적인 형태로 바꿔 보면, 만약 인생이 끝나는 순간 자기 삶에 만족하지 못한다면, 그것은 마음을 새롭게 함으로 변화를 받지 않고 그저 세상의 방법대로 살면서 그에 순응했기 때문일 것이다. 하나님과 다른 사람을 위해서 살기보다는 자기 자신만을 위해서 살았을 것이다.

우리는 확인해야 한다

이 구절의 세 번째 분명한 요점은, 하나님의 뜻이 정말로 바울이 말한대로 "선하시고 기뻐하시고 온전하신" 뜻인가를 우리의 경험으로 입증해야 한다는 것이다. 일상적인 용어로 말하면, 그 뜻을 확인해봐야 한다. 하나님의 뜻을 확인함으로써 하나님의 뜻이 실제로 어떤지를 알게 될 것이다.

일반적으로 생각하는 방법과는 정반대다. 대개 우리는 하나님이 우리에 대한 하나님의 뜻을 말씀해주시기를 원하고, 그 후에 그 뜻이 '선하시고 기쁘시고 온전하신' 것인지를 판단해서 그 뜻대로 행할 것인지 그렇지 않은지를 결정하고 싶어 한다. 로마서 12장 2절은 먼저 하나님의 방법대로 살아야 하며, 그렇게 할 때 하나님의 뜻을 온전히 알기 시작할 것이고 그 뜻이 정말로 선한 것인지를 알게 될 것이라고 말씀한다. 로버트 캔들리쉬는 이를 정확하게 말했다. "하나님의 뜻은 시도해 볼 때에만 알 수 있다. 사람은 유한한 본질을 가지고 있으며, 하나님의 권위와 하나님의 율법 아래에서 피지배자 혹은 종의 위치에 있기 때문에 실제 경험을 거치지 않고는 하나님의 뜻이 무엇인지를 이해하지 못한다. 당신은 하나님의 뜻이 무엇인지, 그 뜻의 속성이나 특징이 무엇인지를 미리 설명할 수 없다. 당신이 직접 그 뜻을 알아야 한다. 실제로 실험을 해서 그 뜻을 알아야 한다. 자신의 인격과 개인적인 삶으로 무엇이 '하나님의 선하시고 기뻐하시고 온전하신 뜻'인지를 입증해야 한다."[4]

하나님의 피조물과 시험

내가 판단하기에, 캔들리쉬의 연구에서 중요한 점 한 가지는 이 아이디어를 전개하는 방식이다. 즉, '실험을 해서' 하나님의 뜻을 시험(probation)해본다는 생각은 시험에 대한 성경의 가르침을 설명하는 데 많은 도움이 된다. 'probation(시험)'이라는 단어는 'prove(증명하다, 입증하다)'에서 비롯되었는데, 이는 시험(trial) 또는 테스트를 말한다. 캔들리쉬에 따르면, 궁극적으로 모든 존재는 하나님의 선하시고 기뻐하시고 온전하신 뜻을 입증하기 위해 창조되었기 때문에, 자유롭고 지적인 모든 존재들은 시험(trial)을 받아야 한다. 세상의 뜻이 실망스럽고 결함이 있다는 것을 알고 싶으면, 하나님의 뜻을 거절하고 시험에 실패해보면 된다. 캔들리쉬는 다음과 같은 성경적인 예를 제시한다.

1. **천사들** : 성경에 천사가 시험받은 이야기는 많이 없지만, 천사들이 시험을 받았고, 그중 일부, 수많은 무리 중에서 많은 천사들이 그 시험에 실패해서 사탄이 이끄는 반역에 참여하고 전능하신 하나님의 가혹한 심판을 받게 된 것은 확실하다.

그 시험의 구체적인 내용은 하나님의 아들을 경배하라는 명령이었을 것이라고 캔들리쉬는 추측한다. "또 그가 맏아들을 이끌어 세상에 다시 들어오게 하실 때에 하나님의 모든 천사들은 그에게 경배할지어다 말씀하시며"(히 1:6). 하나님의 천사들이 선하시고 기뻐하시고 온전하신 뜻인지 분별해야 할 구체적인 문제가 이것이든 아니든 간에, 많은 천사가 하나님의 뜻을 그렇게 생각하지 않았다는 것은 분명하다. 천사들은 그 뜻을 거역했고, 하나님의 뜻에 따랐던 천사들조차도 그 당시에는 하나님이 명령하신 그 뜻의 선하심과 기뻐하심과 온전하심을 다

이해하지 못한 채 그 말씀을 지켰음이 틀림없다. 그 뜻을 행함으로써 이해하게 되었을 것이다. 즉, 그들은 그 뜻을 실험적으로 알게 되었다(엡 3:8~11 참조).

2. 죄를 짓기 전의 인간 : 시험의 두 번째 경우는 죄를 짓기 전의 인간이다. 천사의 시험에 대해서보다는 이 경우에 대해서 더 많은 내용을 알 수 있다. 이 문제는 우리와 직접적으로 연관되어 있고, 바로 그 이유 때문에 우리에게 계시된 것이기 때문이다. 하나님은 아담과 하와에게 선악을 알게 하는 나무의 열매를 금하셨고, 아담과 하와는 그 열매를 먹지 않음으로써 하나님의 선하시고 기뻐하시고 온전하신 뜻을 입증해야 했다. 이 일의 결과가 어떠한지를 우리는 알고 있다. 그들은 더 매력적인 제안과 비교해보고("하나님과 같이 되어 선악을 알게 될 것이다" 창 3:5), 죄의 길을 선택하고, 열매를 먹고, 죽음을 통해 죄에 대한 대가를 지불했다.

당시 상황에서 그리 매력적으로 생각되지 않는다 해도 우리의 첫 번째 조상이 하나님의 뜻을 지켰다면, "하나님이 말씀하신 이전의 생명 언약에 대한 봉인으로서, 그리고 더 고귀하고 공정하고 합당하고 선하신 하나님의 섭리를 펼치기 위한 준비로써, 하나님이 그들에게 선언하신 하나님의 뜻이 정말로 그 뜻 그대로였음을 그들은 경험으로 알았을 것이다. … 그 뜻은 받아들일 만한 가치가 있고, 그 영 안으로 깊이 들어가면 들어갈수록, 그리고 그 뜻이 요구하는 순전한 복종을 완전하게 행하면 행할수록 더 큰 기쁨이 있다는 것을 확신하게 되면서, 그들은 그 뜻이 자신의 경우와 환경에 합당하다는 것을 경험으로 배웠을 것이다"[5]라고 캔들리쉬는 주장한다.

이뿐 아니라 더 많은 것도 알았을 것이다! 그러나 그들은 하나님의 뜻을 입증하지 않았고, 그래서 인류에게는 죄와 심판과 죽음이 임하게 되었다. 오늘까지도 그들의 잘못되고 어리석은 선택 때문에 우리는 계속해서 고통을 받고 있다.

3. 주 예수 그리스도 : 시험에 대한 세 번째 예는 예수 그리스도다. 예수님은 분명히 피조물이 아니다. 그럼에도 불구하고 성육신하신 상태로, 그 자체로는 전혀 선하거나 기쁘지도 않고 또 용납할 만한 일로 보이지 않는 십자가의 고통을 당하는 일임에도 불구하고, 하나님의 뜻이 정말로 선하시고 기뻐하시고

온전하신 뜻인지를 스스로 입증하고자 하셨다.

예수님은 동산에서 십자가를 옮겨달라고 기도하셨지만, "그러나 나의 원대로 마시옵고 아버지의 원대로 하옵소서"(마 26:39)라고 덧붙이셨다. 히브리서 기자는 "그는 육체에 계실 때에 자기를 죽음에서 능히 구원하실 이에게 심한 통곡과 눈물로 간구와 소원을 올렸고 그의 경건하심으로 말미암아 들으심을 얻었느니라 그가 아들이시면서도 받으신 고난으로 순종함을 배워서"(히 5:7~8)라고 말씀한다. 빌립보에 보내는 바울의 편지에서, 바울은 예수님이 자신을 낮추시고 "죽기까지 복종하셨으니 곧 십자가에 죽으심이라"(빌 2:8)고 말한다.

캔들리쉬는 이렇게 쓰고 있다. "하나님의 뜻을 행하는 일은 예수님에게 때로 몸부림치며 해야 하는 일이며 노력해야 하는 일이었음이 분명하다. 쉬운 일도 아니고, 기쁜 일도 아니었다. 전적인 자기 부인과 자기 희생이며, 자신을 십자가에 못 박는 일이었다. 예수님의 가장 고귀하고 고상한 본능인 순전한 인간성으로는 감당하기 싫은 일이었다. 예수님은 억압적인 짐을 지셨고, 가장 고통스러운 상황에 던져졌으며, 끝도 없고 보상도 없는 고통을 겪으셔야 했다. 악한 사람들과 악한 영에게 온갖

적대적인 공격을 받아야 했다. 하지만 예수님은 그 뜻을 입증하셨다. 그리고 그 뜻을 입증하는 과정에서, 그리고 그 뜻을 입증하시면서 예수님은 그 뜻이 선하고 받아들일 만하고 온전한 것임을 깨달았다."[6]

4. **그리스도인들** : 이제 예수 그리스도를 주님과 구세주로 고백하는 우리 자신은 어떤가? 우리는 지금 시험을 받고 있고, 시험받고 있는 문제는 세상과 세상의 방식에서 돌아서서 우리 삶에 대한 하나님의 뜻을 받아들일 것인가 그렇지 않은가의 문제다. 그래서 우리는 그 뜻을 온전히 받아들임으로써 하나님께서 선언하신 것이 하나님이 말씀하신 그대로 온전한 것임을 입증하게 된다.

누가 그 일을 해야 하는가? '당신'이다. 하나님이 당신을 있게 하신 바로 이 세상의 상황 속에서 그 일을 해야 한다.

어떻게 그 일을 해야 하는가? '실험적으로(실험을 해서)' 그렇게 해야 한다. 즉 실제로 하나님이 계시하신 뜻을 시험해보는 것이다.

언제 그 일을 해야 하는가? '바로 지금, 그리고 내일, 그리고 그 다음날' 해야 한다. 즉, 당신이 죽을 때까지 혹은 예수님이 다시 오실 때까지, 일생 동안 반복해서, 지속적으로, 신실하게 그 일을 해야 한다.

왜 그 일을 해야 하는가? '해야 마땅한 일'이기 때문에, 그리고 하나님의 뜻은 정말로 선하시고 기뻐하시고 온전하신 것이기 때문이다.

캔들리쉬는 이렇게 말한다.

세상의 방식에 대해서는, 노력하면 할수록 그것이 만족스럽다는 것을 깨닫지 못하는 경우가 더 많을 것이다. 처음에는 좋아 보이고, 공정해 보인다. 그러나 오래 살면서 그것이 결국 헛된 것임을 깨닫지 못한 사람이 있는가? 하나님의 뜻에 대해서는 그와 정반대다. 시작할 때는 최악인 것처럼 보일 때도 있다. 어렵고 어두워 보이는 것 같다. 그러나 계속하라! 계속해서 하나님의 뜻을 입증해 나가라! 끈기 있게, 인내심을 가지고, 기도하면서 고통스럽게 그 뜻을 입증하라. 그러면 점점 더 분명해지고, 밝아지고, 확대되고, 기쁨이 커질 것이다. "의인의 길은 돋는 햇

살 같아서 크게 빛나 한낮의 광명에 이르거니와"(잠 4:18)
라는 말씀을 더 깊이 깨닫게 될 것이다. "그[지혜] 길은 즐
거운 길이요 그의 지름길은 다 평강이니라"(잠 3:17), "여호
와의 법도 진실하여 다 의로우니 금 곧 많은 순금보다 더
사모할 것이며 꿀과 송이꿀보다 더 달도다 또 주의 종이
이것으로 경고를 받고 이것을 지킴으로 상이 크니이다"(시
19:9~11)라고 말씀하시기 때문이다.[7]

"그러므로 형제들아 내가 하나님의 모든 자비하심으로 너희
를 권하노니 너희 몸을 하나님이 기뻐하시는 거룩한 산 제물로
드리라 이는 너희가 드릴 영적 예배니라 너희는 이 세대를 본
받지 말고 오직 마음을 새롭게 함으로 변화를 받아 하나님의
선하시고 기뻐하시고 온전하신 뜻이 무엇인지 분별하도록 하
라"(롬 12:1~2).

각주 ✼✼✼

1. Robert S. Candlish, *Studies in Romans 12: The Christian's Sacrifice and Service of Praise* (Grand Rapids: Kregel Publications, 1989), pp. 80, 81. 초판 1867년.

2. Garry Friesen with J. Robin Maxson, *Decision Making & the Will of God: An Alternative to the Traditional View* (Portland: Multnomah Press, 1980). 《하나님의 뜻과 자유의지》, 아가페출판사.

3. Robert Haldane, *An Exposition of the Epistle to the Romans* (MacDill AFB: MacDonald Publishing, 1958), p. 557.

4. Candlish, *Studies in Romans 12*, p. 81.

5. Ibid., p. 85.

6. Ibid., p. 89.

7. Ibid., p. 96, 97.

마음을 새롭게 하라

첫판 1쇄 | 2011년 10월 17일

지은이 | 제임스 몽고메리 보이스
옮긴이 | 오수현
펴낸이 | 김은옥
펴낸곳 | 올리브북스

주소 | 경기도 부천시 원미구 중동 1152-3 메트로팰리스 1차 B동 328호
전화 | 032-233-2427
전자우편 | kimeunok@empal.com

출판등록 | 제387-2007-00012호

ISBN 978-89-94035-17-8 03230

■총판 소망사 | 02-392-4232(전화), 392-4231(팩스)